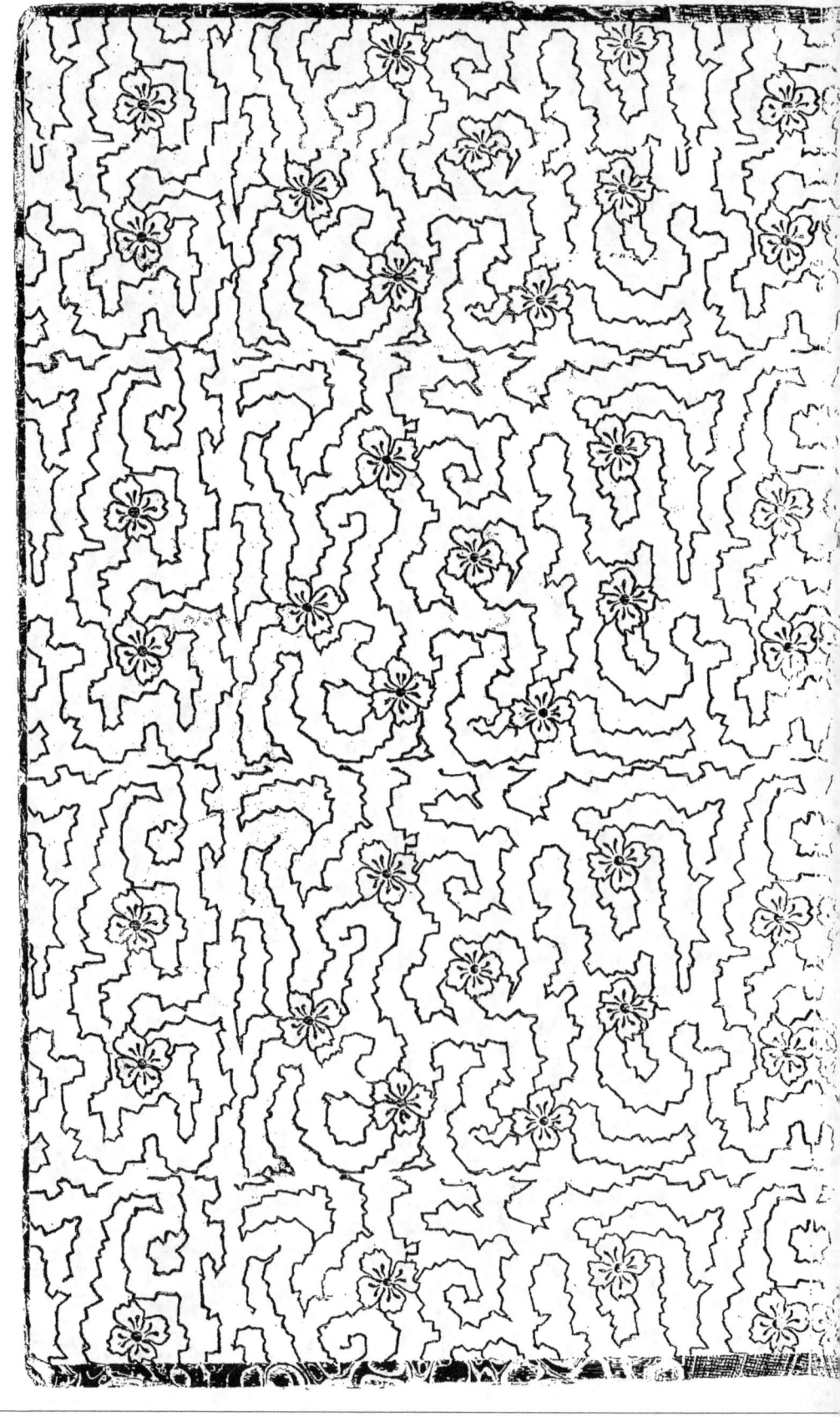

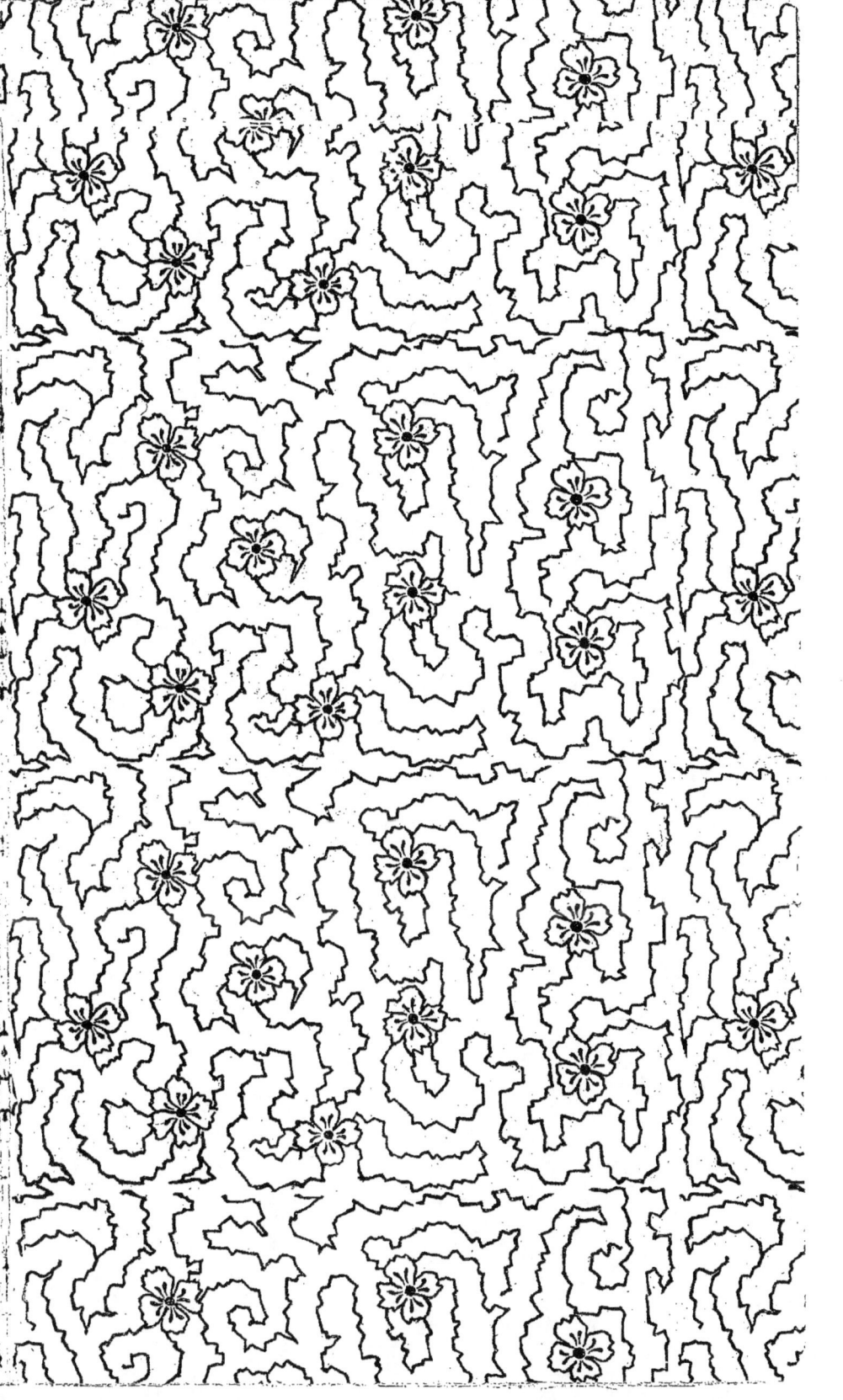

Prix : 1 franc.

CENTENAIRE DE LA TÉLÉGRAPHIE
1793-1893

L'ŒUVRE

DE

CLAUDE CHAPPE

Créateur de l'Administration française des Télégraphes

ET

Inventeur du Télégraphe aérien établi sous les auspices

DE LA

CONVENTION NATIONALE

PAR

FRANÇOIS GAUTIER

Du Poste central des Télégraphes de Paris (hors cadres),
Auteur de plusieurs ouvrages

AVEC UNE PRÉFACE DE

F.-F. STEENACKERS

Ancien Directeur général des Télégraphes et des Postes

PARIS

LIBRAIRIE DE LA PORTE SAINT-DENIS,
18, boulevard St-Denis.
LIBRAIRIE CRETTÉ,
19, rue J.-J. Rousseau.

BIBLIOTHÈQUE SAINT-GERMAIN,
27, rue Bellechasse.
LIBRAIRIE DE L'ARMÉE,
37, avenue de Lamotte-Piquet.

POITIERS

BLAIS, ROY et Cie, imprimeurs-éditeurs

1893

Prix : 1 franc.

CENTENAIRE DE LA TÉLÉGRAPHIE
1793-1893

L'ŒUVRE

DE

CLAUDE CHAPPE

Créateur de l'Administration française des Télégraphes

ET

Inventeur du Télégraphe aérien établi sous les auspices

DE LA

CONVENTION NATIONALE

PAR

FRANÇOIS GAUTIER

Du Poste central des Télégraphes de Paris (hors cadres),
Auteur de plusieurs ouvrages

AVEC UNE PRÉFACE DE

F.-F. STEENACKERS

Ancien Directeur général des Télégraphes et des Postes

———·✗·———

PARIS

LIBRAIRIE DE LA PORTE SAINT-DENIS,	BIBLIOTHÈQUE SAINT-GERMAIN,
18, boulevard St-Denis.	27, rue Bellechasse.
LIBRAIRIE CRETTÉ,	LIBRAIRIE DE L'ARMÉE,
19, rue J.-J. Rousseau.	37, avenue de Lamotte-Piquet.

POITIERS
Blais, Roy et Cie, imprimeurs-éditeurs

1893

TEXTE DU PREMIER MESSAGE
REÇU « *TÉLÉGRAPHIQUEMENT* »

PAR LE COMITÉ DE SALUT PUBLIC

A l'occasion de la reprise du Quesnoy sur les Autrichiens

« *Garnison autrichienne forte de 3000 esclaves a mis bas les armes et s'est rendue à discrétion* (1). »

---

(1) Cette dépêche, transmise, le 28 thermidor an II, par la communication Lille-Paris, inaugura le télégraphe aérien.

PRÉFACE

DE

M. F.-F. STEENACKERS

ANCIEN DIRECTEUR GÉNÉRAL
DES TÉLÉGRAPHES ET DES POSTES (1)

Apparue au monde au milieu de l'impérissable mouvement social de la fin du dix-huitième siècle, l'admira-

---

(1) Le titre de Directeur général des *Télégraphes et des Postes*, qui pourrait aujourd'hui paraître anormal, était bien cependant le titre officiel d'alors.

Voici la teneur du décret du 12 octobre 1870 réunissant les deux services sous une même direction :

« La Délégation du Gouvernement de la Défense nationale :

« Considérant que le service des lignes télégraphiques et le service des psotes ont un but commun et doivent se compléter mutuellement ;

« Considérant qu'il importe, surtout dans les circonstances présentes, d'imprimer une impulsion plus active et un mouvement plus rapide à tous les moyens de communication sur tous les points du territoire de la République,

« Décrète :

ART. 1. — L'administration des lignes télégraphiques et l'administration des postes sont placées sous une direction unique.

ART. 2. — M. Steenackers (François-Frédéric), directeur général des Lignes télégraphiques, est nommé directeur général des Télégraphes et des Postes.

« Fait à Tours, le 12 octobre 1870.

« *Signé* : L. Gambetta — Ad. Crémieux — Glais-Bizoin — amiral Fourichon. »

(*Note de l'auteur.*)

ble invention de Claude Chappe est une des gloires de cette grande époque.

Instrument puissant des œuvres de la paix comme de la guerre, il faut cependant se souvenir qu'elle est née sur les champs de bataille et que ses premières manifestations furent la communication à la Convention de deux victoires des soldats de la République.

« *C'est surtout dans les guerres de terre et de mer*, disait Lakanal dans son rapport du 26 juillet 1793, *que de promptes communications et la rapide connaissance des manœuvres peuvent avoir une grande influence sur les succès.* »

Lakanal et ses contemporains ne prévoyaient pas alors tous les services que la télégraphie rendrait par la suite au commerce et à l'industrie en activant les transactions. Mais la Convention comprit bien vite l'immense parti qu'elle pouvait tirer de la nouvelle découverte dans son duel avec l'Europe monarchiste coalisée contre la Révolution française.

Dans toutes les guerres qui ont suivi, depuis la fameuse campagne de 1805, où les renseignements télégraphiques fournis à Napoléon lui permirent d'amener son armée du camp de Boulogne sur le Danube avant même que les Autrichiens pussent soupçonner cet admirable mouvement qui mit Ulm entre nos mains, jusqu'aux guerres d'Afrique et à l'expédition de Crimée, le système de Chappe a été employé avec le plus grand succès pour le service des armées.

Lorsqu'il y a vingt-trois ans la confiance du gouvernement de la Défense nationale m'appela à la Direction générale des Télégraphes et des Postes, et qu'il me fallut organiser les missions télégraphiques aux armées, dans les circonstances critiques que nous traversions, au milieu des malheurs qui fondaient sur la France, je me reportais souvent par la pensée à la grande époque où Chappe fit don à son pays de son inoubliable invention.

Hélas! moins heureux que lui, les télégraphistes de 1870-71 ont été les messagers des plus terribles désastres, mais leur courage et leur dévouement ont été à la hauteur des difficultés de leur tâche. Comme l'a dit M. de Freycinet dans son livre : *la Guerre en Province* :
« Les mouvements furent exécutés avec une précision
« remarquable, grâce à la sûreté des communications
« télégraphiques qui n'ont pas cessé de fonctionner jus-
« que sous le feu de l'ennemi. Je saisis cette occasion
« de signaler les services inappréciables rendus aux
« armées, pendant tout le cours de la campagne, par le
« personnel des télégraphes... Plusieurs agents ont
« montré un courage et un sang-froid au-dessus de
« tout éloge. » Ce juste hommage rendu au patriotisme des télégraphistes de 1870 doit remonter jusqu'à leurs

anciens, jusqu'à l'homme qui, accablé de déboires, fruits de la jalousie et de la haine, ne put trouver que dans une mort volontaire un refuge contre les attaques de toutes sortes, qui sont la récompense ordinaire des bienfaiteurs de l'humanité.

Aujourd'hui, plus de quatre-vingts ans après la mort de Chappe, l'heure de la justice sonne enfin pour lui. Le corps des télégraphistes s'est souvenu de son nom et de la grandeur de son œuvre.

Je ne saurais trop remercier l'auteur de cette brochure, qui est une étude approfondie de la découverte de Chappe et de ses applications, en même temps qu'un hommage rendu à son caractère, d'avoir bien voulu, en me faisant l'honneur de me demander une préface, songer à un oublié qui, lui, a toujours présents à l'esprit le dévouement et le patriotisme des télégraphistes pendant l'année terrible.

Je suis heureux, en effet, de pouvoir redire de quelle açon brillante ils ont suivi Claude Chappe dans la voie qu'il avait tracée dès 1792 et comment ils se sont, à son exemple, sacrifiés à la patrie en danger : « Je viens offrir, disait Chappe, à l'Assemblée législative, « c'est-à-dire à la France, l'hommage d'une découverte « que je crois utile à la chose publique... Tout ci- « toyen doit, en ce moment plus que jamais, à son « pays le tribut de ce qu'il croit lui être utile. »

C'est de ces patriotiques paroles qu'ont toujours su s'inspirer les agents des télégraphes, dignes héritiers du Père de la Télégraphie. En 1870, lorsque je m'adressai au Personnel télégraphique pour demander des volontaires destinés à faire partie des missions envoyées aux armées, les demandes affluèrent, la presque totalité des agents offrant leurs services avec enthousiasme, et je n'eus que l'embarras du choix entre tous ces zélés serviteurs de la Patrie.

C'est toujours avec une profonde émotion que je me reporte à ces temps d'épreuve, mais si la pensée de tant de dévouements et d'héroïsmes ne nous fait pas oublier les désastres qui accablèrent la France, elle en rend le souvenir moins amer.

Les télégraphistes d'aujourd'hui et ceux qui viendront après eux sauront, j'en suis certain, se montrer dignes de leurs aînés. Les exemples qui leur ont été donnés depuis près d'un siècle nous sont garants de l'avenir.

F. STEENACKERS
Ancien Directeur général des Télégraphes et des Postes.

Paris, avril 1893.

LA
TÉLÉGRAPHIE AÉRIENNE

ET

CLAUDE CHAPPE

> « La télégraphie sera probablement plus étudiée dans l'avenir qu'elle ne l'est aujourd'hui et nous contribuerons par les renseignements que nous donnons sur elle, à lui servir d'appui, lors même que nous n'existerons plus. »
>
> (Chappe l'Aîné.)

Nous avons essayé dans cette peu prétentieuse brochure que nous consacrons à Claude Chappe, à l'occasion du centenaire de la Télégraphie, d'exposer les travaux de ce modeste savant et, en même temps, de définir l'obscurité qui enveloppait la science télégraphique au moment où il conçut le projet de son mode de communication rapide.

Les tristesses, les difficultés sans nombre qu'il éprouva, ainsi que les polémiques violentes qui l'assaillirent, pendant une longue période de plusieurs années, ne sont pas, à notre avis, aussi connues qu'elles méritent de l'être. On n'a guère retenu de l'ancien télégraphe que la disposition de ses machines en plein vent, sans tenir compte que les services qu'elles rendirent au pays représentèrent un immense progrès sur les moyens de correspondance et de locomotion employés à l'époque. Nous avons donc pensé qu'un bref récit historique des phases que traversa cette découverte, considérée à juste raison comme une des plus belles du siècle dernier, serait de nature à éclairer, une fois pour toutes, la religion de ceux qui ont une tendance à contester à Claude Chappe son rôle de promoteur et de fondateur de la Télégraphie.

Nous sommes loin aujourd'hui, il est vrai, du télégraphe aérien, qui, comme l'éclairage des rues à l'huile, les diligences, les coches d'eau, a pour toujours disparu. Car, en même temps que l'humanité s'avance vers le progrès, laissant sur son chemin ses dernières conquêtes, l'horizon s'éloigne d'elle et fait apparaître, au fur et à mesure, de nouveaux et impérieux problèmes. Cependant, cette marche incessante ne doit pas nous faire oublier ceux qui ont posé les premiers jalons d'institutions devenues presque parfaites par suite de transformations et de perfectionnements successifs imposés par les exigences et les nécessités de besoins nouveaux. Le télégraphe de Chappe, avec ses grands gestes automatiquement répétés sur toute l'étendue du territoire, était exactement à la poste aux chevaux ce qu'est le télégraphe électrique aux chemins de fer actuels. Mais on ignore généralement les injures et les calomnies qui s'abattirent, dès son apparition, sur son infortuné inventeur. Aussi nos lecteurs, et parmi eux nos collègues principalement, ne nous sauront pas mauvais gré, nous l'espérons, d'avoir entrepris de placer sous leurs yeux les droits incontestables que Chappe possède à une invention toute française et qui constitue pour lui un honneur et une gloire qu'on ne saurait plus mettre en doute sans faire preuve à son égard de la plus flagrante injustice.

On verra, par la suite, que l'admiration que nous devons accorder aux résultats de ses recherches doit être d'autant plus profonde, d'autant plus solide, qu'elle rejaillit sur un homme qui consacra sa vie entière à la réalisation d'un merveilleux progrès et qui, après en avoir fait hommage à son pays dans des circonstances particulièrement difficiles, eut à lutter de toute l'énergie de son âme contre la mauvaise foi, la jalousie, le découragement et la douleur.

Claude Chappe fut un vaincu. A ce titre seul, n'est-il pas déjà utile qu'une voix, si faible qu'elle soit, s'élève du bas de la hiérarchie administrative, afin d'exposer dans quelles conditions il combattit pour son idée et succomba pour elle, laissant après lui une œuvre admirée et poursuivie en France pendant un demi-siècle.

En dépit de ses détracteurs, et ils furent nombreux, c'est bien à Chappe que nous devons la télégraphie. Ceux qui ont noirci tant de papier pour démontrer qu'il ne pouvait légitimement s'approprier la paternité du télégraphe n'ont fait que rehausser l'éclat de son mérite et de son talent, puisque, parmi les nombreuses compétitions qui se produisirent, son système reconnu supérieur fut seul adopté par le gouvernement, qui n'hésita pas à flétrir publiquement les accusations intéressées ou suspectes qu'on accumula contre lui. Si les autres projets furent abandonnés, c'est que, appliqués séparément ou combinés, ils étaient également défectueux.

Il est certain que la conception de porter au loin la pensée, ou, plus simplement, de communiquer par l'échange de signaux plus ou moins primitifs, Claude Chappe ne peut la revendiquer et il n'a jamais eu cette ridicule prétention. Plusieurs savants, avant lui, s'étaient engagés dans cette voie et avaient dû abandonner leurs travaux, bientôt découragés par d'insurmontables difficultés. De plus, l'emploi des signaux comme moyen de correspondance remonte, nul ne l'ignore, à la plus haute antiquité. On a eu recours à eux depuis les temps les plus reculés pour faire parvenir, à de faibles distances, l'annonce de faits produits ou susceptibles de se produire. Convenus d'avance, ces signaux étaient limités à des événements prévus. Les feux allumés sur les hauteurs ont leur signification chez les peuplades les plus barbares de l'Afrique. Ces tribus en font usage depuis des siècles pour faire connaître les victoires remportées, les positions nouvelles, prévenir les surprises et les massacres. Homère mentionne souvent les feux employés par Agamemnon pendant la guerre de Troie dans le but de concerter les moyens d'action et de défense. Quand cette ville fut prise, Eschyle fit allumer de grands feux, le long de la route, pour en faire parvenir la nouvelle à Clytemnestre. A Argos, une fête commémorative, appelée fête des flambeaux, était célébrée chaque année et devait son origine à des événements qui semblent indiquer que l'usage des feux télégraphiques était connu avant même le siège de Troie.

Le major Bouchercœder va beaucoup plus loin dans cet ordre d'idées, et nous donnons son opinion, curieuse à plus d'un titre. Dans un de ses ouvrages publié en 1795 (1), il ne craint pas d'affirmer que l'emploi des signaux remonte jusqu'à l'époque où *les hommes voulurent construire la tour de Babel* et que l'Écriture sainte nous apprend que cette tour colossale avait pour principal objet de constituer un centre de communication, par signaux, entre les différentes contrées habitées. Par conséquent, d'après l'auteur de l'*Art des Signaux*, il serait « certain » que notre télégraphie actuelle, qui s'applique et qui parvient à être presque parfaite dans ses résultats, a eu pour origine la *Tour de Babel* qui, bien plus qu'un centre de communication, fut un centre incontesté de confusion des langues. Ce sera pour beaucoup une révélation ! Puisse-t-elle atténuer les quelques erreurs de transmission qu'on reproche périodiquement à nos télégraphes, erreurs qui ne seraient dès lors que la conséquence inévitable d'une fatalité purement originelle !...

En Grèce, les signaux étaient d'un usage fréquent. Les Romains, de leur côté, demandèrent à l'art télégraphique tout ce qu'il pouvait alors donner. Ils avaient établi de nombreuses communications sur les immenses territoires que possédait leur empire et, grâce à ces moyens d'information, ils réussirent à maintenir, dans une certaine mesure, leurs conquêtes nouvelles sous leur domination

---

(1) Cet ouvrage est *l'Art des Signaux*, imprimé à Hanau.

effective. A cet effet, ils avaient édifié un grand nombre de tours d'observation, qui étaient autant de postes sémaphoriques et qui ont laissé dans plusieurs de nos villes des traces qui subsistent encore. Les tours élevées de Bellegarde, d'Uzès, de la vallée de Luchon, la tour Magne à Nîmes, et bien d'autres encore sont des vestiges qu'on ne peut contester de la télégraphie optique des Romains. Ces postes étaient placés sous la garde de vedettes qui transmettaient rapidement les ordres dans toutes les contrées voisines. Le télégraphe représenté sur la colonne Trajane (1) est l'unique description d'un poste télégraphique romain qui soit parvenue jusqu'à nous.

Le savant Robert Hooke, un siècle avant Chappe, approcha le plus près des véritables principes de la télégraphie aérienne. Dans une de ses études dédiée à la Société royale de Londres, en 1684, on trouve des données très intéressantes sur la manière de disposer les stations en vue d'une communication télégraphique à établir. Il énumère aussi les remarques qu'il a faites sur la lumière, la direction des rayons visuels et les avantages que rendrait à la société une invention basée sur cet ensemble de considérations. Mais Hooke préconisait le système alphabétique qui eût été d'une incommodité et d'une lenteur bien compréhensibles; il n'avait pas pensé à l'application de signaux convenus, dont le résultat immédiat était de réduire, dans de notables proportions, la durée et les inconvénients de la manœuvre.

(1) Cette colonne fut élevée en l'an 867 de Rome.

Vers la fin du xviie siècle, un physicien français, Amontons, se livra à des expériences qui eurent, à la vérité, un certain retentissement. Toutefois, son système, reconnu défectueux, ne fut pas agréé et il ne nous reste aucune indication utile sur les moyens dont il se servit.

A Arles, en 1702, un commissaire de la marine, nommé Marcel, prétendit également avoir trouvé une sorte de télégraphe. Il adressa un long mémoire au roi Louis XIV, dans lequel il exposait le moyen de faire correspondre deux points situés à une ou deux lieues de distance. Malheureusement encore, il ne nous est pas possible de faire connaître le secret de sa découverte, qui resta toujours caché. Par excès de prudence, il refusa de le dévoiler, se retranchant invariablement dans cette déclaration : « Les esprits investigateurs se demanderont sans doute en quoi consiste ma méthode, et moi, prudemment, je m'abstiendrai de leur en donner la clef. » Marcel attendait, pour rendre public le projet qu'il avait conçu, que le roi l'eût officiellement adopté ; il n'eut jamais cette faveur.

Parmi les contemporains de Claude Chappe, il nous faut mentionner Dupuis, qui présenta vainement un projet en 1778, et qui avait déjà abandonné ses travaux, lorsque plus tard, élu à la Législative, il assista, comme député, à la présentation du télégraphe français par son inventeur, à la barre même de cette Assemblée.

Le célèbre avocat Linguet imita Dupuis en 1783 et ne fut pas plus heureux. A son sujet, nous appellerons plus particulièrement l'attention de nos lecteurs, à cause des controverses qui prirent naissance à quelques années de là et qui ne tendirent à rien moins qu'à convaincre

Chappe de lui avoir dérobé son système. Nous démontrerons plus loin la fausseté de ces imputations, n'émanant pas de Linguet, mort à cette époque, mais d'envieux adversaires qui ne reculèrent devant aucun moyen pour discréditer le télégraphe accepté par la Convention nationale et calomnier outrageusement son auteur.

Linguet avait de puissants motifs à voir sa méthode favorablement accueillie par les pouvoirs publics, et son adoption définitive était pour sa sécurité d'une importance à tel point capitale, qu'on est fondé à se demander si, en raison même de cet intérêt tout personnel, il n'a pas exagéré à dessein, dans sa requête au gouvernement, les avantages qui devaient résulter de son invention. Les circonstances dans lesquelles se produisit son intervention et les termes élogieux qu'il employa pour la formuler peuvent, ce nous semble, donner lieu à une supposition de cette nature. En 1783, Linguet était prisonnier à la Bastille, et c'est en échange de sa liberté immédiate qu'il offrit au ministère le fruit de ses travaux. C'était, disait-il, le moyen de transmettre aux distances les plus éloignées, les nouvelles, de quelque longueur et de quelque espèce qu'elles fussent, *avec une rapidité presque égale à l'imagination !* Quoi qu'il en soit, des expériences eurent lieu et Linguet affirma toujours qu'elles réussirent; ce qui est plus certain, c'est que son projet fut repoussé et qu'il n'a jamais été possible de retrouver la moindre trace de son télégraphe.

Deux ou trois ans après, la *Chronique Universelle* publia plusieurs relations de M. de Courrejolles, qui trouvèrent un écho dans les sphères scientifiques. Dans l'une d'elles, M. de Courrejolles, qui, au mois de février 1783, avait battu les Anglais aux îles Ioniennes, donnait à ce brillant fait d'armes une explication aussi tardive qu'inattendue. Il attribuait en grande partie cet heureux événement à l'emploi d'un télégraphe inventé par lui, à l'aide duquel il était parvenu à donner simultanément des ordres dans toutes les directions et à se renseigner exactement sur les points occupés par l'escadre de l'amiral Hood. Ses dispositions avaient été si habilement concertées avec le concours de ce nouvel auxiliaire que les Anglais, bien que supérieurs en nombre, avaient dû se retirer avant la tombée de la nuit.

Toutefois, M. de Courrejolles, enhardi sans doute par son succès, ne s'en tenait pas à cette affirmation ; il avait soin de conclure en proposant au gouvernement le moyen qui lui avait si parfaitement réussi et en sollicitant du ministre de la Guerre l'adoption de son procédé télégraphique, appelé, prétendait-il, à rendre les plus grands services pour les manœuvres et le mouvement des troupes. De quelque utilité qu'ait pu être pour M. de Courrejolles l'emploi de son télégraphe, il est plus admissible que la gloire dont il se couvrit en ces moments difficiles fut plutôt la conséquence de son intrépide bravoure que le fruit d'une invention nouvelle et précipitée. Aussi, sa gloire seule lui resta et sa demande ne tarda pas à être oubliée. Après lui, Monge produisit une autre variété de télégraphe qui ne fut jamais mis en pratique.

Au rapide historique que nous venons de faire de la télégraphie, nous ajouterons que, vers 1783, quelques essais de télégraphie acoustique avaient été tentés, sur les indications d'un moine de Citeaux, dom Gauthey. La voix se propageait à l'intérieur de tubes métalliques. Ce projet, qui nécessitait une somme considérable pour être expérimenté à grande distance, fut, faute de fonds, abandonné par son auteur.

On voit, par ce qui précède, que le langage des signes, loin de se perfectionner, était toujours resté limité à quelques phrases conventionnelles. Il était possible de transmettre, par exemple, entre pays voisins et amis : Préparez-vous au combat, — ennemi approche, — battez en retraite, — rendez-vous. C'est tout ce qu'on avait pu obtenir jusque-là. Mais la pensée humaine est trop multiple en ses manifestations, le choix des mots est trop important, pour que ces résultats primitifs pussent indéfiniment répondre à l'expression d'événements imprévus, à la définition complexe du sens des choses.

Tel est l'état embryonnaire dans lequel se trouvait la science télégraphique au moment où commencèrent les travaux de Claude Chappe. L'art des signaux était donc resté le même depuis des siècles, c'est-à-dire à peu près nul, bien que des hommes éminents se fussent livrés, à différentes époques, à de nombreuses recherches le concernant. Aussi, s'il est vrai qu'avant Chappe rien de pratique n'existait, il est non moins vrai qu'il fut le premier à illustrer ce nom de télégraphe par l'établissement de communications au moyen desquelles on pût transmettre rapidement toute espèce d'idées. Cette prétention bien justifiée, d'avoir résolu un problème hérissé de difficultés, donna lieu cependant à des contestations qu'on est surpris de rencontrer chez ceux qui les soulevèrent, parce qu'elles ne reposèrent, à aucun moment, sur des arguments sérieux de nature à ébranler la conviction du monde savant ou des personnes seulement impartiales.

Claude Chappe naquit en 1763, dans le département de la Sarthe, à Brûlon. Il était fils d'un receveur général des domaines royaux, et neveu du célèbre abbé Chappe d'Auteroche, membre de l'Académie des Sciences, qui, sous le règne de Louis XV, fut envoyé à Tobolsk, en Sibérie, pour observer le passage de Vénus sur le soleil. Deuxième enfant d'une famille assez nombreuse (1), il montra, dès son jeune âge, de grandes aptitudes pour les sciences exactes et s'y adonna avec une ardeur qui promit pour son avenir les meilleures espérances. Doué d'un esprit actif et persévérant, membre dès sa fondation, de la Société Philomatique de Paris, l'étude de la télégraphie fut l'objet de ses principaux travaux et il avait à peine 25 ans, que l'imperfection de celle-ci attirait son attention avec une force que venaient accroître les échecs de ses devanciers, après leurs infructueux essais. Quelques auteurs ont prétendu que l'idée première de l'invention qui devait plus tard le rendre célèbre date de la dernière année qu'il passa au séminaire d'Angers. Cette opinion est inexacte, car il est bien établi aujourd'hui que la pensée que ces derniers lui attribuent, d'avoir essayé de correspondre télégraphiquement à cette époque, provient uniquement de la présence de deux de ses frères dans un

---

(1) Claude Chappe avait quatre frères : Ignace, Pierre, René et Abraham.

collège situé à quelques kilomètres de là et dans lequel ils terminaient leurs études. Cette anecdote, qui assignerait aux débuts de notre télégraphie une amusette de séminaire, est une pure légende.

Quand Claude Chappe commença à jeter les premières bases de sa découverte, il fut arrêté, dès le début de ses préliminaires travaux. C'était en 1789. La nation, prête à s'occuper elle-même de ses propres affaires, se disposait à rompre les chaînes qui entravaient encore ses mouvements. Chappe, bientôt rappelé par sa famille, quitta Paris où la Révolution venait d'éclater ; il rentra dans sa ville natale et, bien qu'élevé sous l'ancien régime et en prévision de l'état ecclésiastique, ne tarda pas à se rallier, sans arrière-pensée, aux idées nouvelles.

C'est dans cette retraite forcée que, par un labeur ininterrompu, il établit les premiers principes de communications télégraphiques pouvant mettre le Gouvernement en mesure de transmettre avec rapidité ses instructions sur tout le territoire. Mais Chappe disposait de trop faibles ressources, pour que, livré à ses propres moyens, il lui fût possible de faire face aux dépenses qu'allait entraîner la réalisation de son projet. En même temps que ce dernier, il communiqua à sa famille l'obstacle insurmontable qui se dressait devant lui. Ses frères accueillirent assez froidement d'abord ses propositions, car, de même que pour le plus grand nombre, l'idée émise était encore considérée par eux comme un rêve irréalisable. Cependant, après quelques hésitations, ils promirent leur concours et Chappe, après avoir pris les dispositions nécessaires, procéda bientôt aux premières expériences. Disons tout de suite qu'elles ne donnèrent aucun résultat satisfaisant.

Voici en quoi elles consistèrent : Deux postes, possédant chacun une pendule à secondes, furent installés à 500 mètres environ l'un de l'autre. Ces pendules, munies d'un cadran divisé de 1 à 25, étaient en harmonie parfaite, c'est-à-dire que l'aiguille de chacune d'elles, parcourant le même trajet en un même espace de temps, se trouvaient placées, par leur synchronisme, sur le même chiffre à un moment précis. Il ne s'agissait donc plus, pour aviser l'extrémité de la ligne du signal destiné à être reçu par elle, que d'attirer son attention par un bruit significatif, lors du passage de l'aiguille sur le chiffre correspondant au mot, à la phrase même qu'on désirait transmettre. Après la réception d'une série de signaux, on procédait à leur traduction à l'aide d'un vocabulaire conventionnel.

Mais ce moyen de communication, d'une extrême simplicité, avait pour principal inconvénient d'être aussi peu rapide qu'il était simple ; de plus, la nécessité de faire parvenir au poste voisin le bruit avertisseur ne le rendait praticable que sur les lignes de longueur insignifiante. Il eût pu rendre quelque service dans certains cas seulement : pour correspondre, par exemple, avec une forteresse assiégée ou une ville investie, mais pour une correspondance générale, susceptible d'être transmise à une grande distance par l'intermédiaire de plusieurs stations, il ne fallait pas y songer. Ce procédé, reconnu inutilisable, fut bien vite laissé de côté, et Chappe se mit à rechercher une solution plus pratique.

A peu de temps de là, il avait trouvé une combinaison nouvelle. Les deux pendules synchroniques étaient conservées, mais, au son primitivement adopté, il substitua la vue d'un objet apparaissant et disparaissant au moment opportun. L'indicateur était un tableau de grande dimension, 1 m. 50 environ de côté, dont une surface était blanche, et l'autre, celle que devait surtout observer le correspondant, peinte en noir afin que, se détachant sur le fond du ciel, elle fût de plus loin et plus facilement distinguée. Ce tableau, fixé sur un axe de 4 mètres, élevé verticalement, montrait sa surface noire chaque fois que l'aiguille de la pendule à secondes était exactement placée sur un chiffre à transmettre. Cette modification, apportée au système précédent, présentait de sensibles avantages, car en outre de l'espacement des stations, qui s'en trouvait considérablement augmenté, la transmission des signaux en était rendue plus facile et beaucoup moins lente. Ce système, ainsi modifié, constitua les spécimens de nos premiers télégraphes, bien différents de ceux qui existèrent depuis.

A ce moment, Claude Chappe, qui n'était pas satisfait des résultats obtenus, eut la pensée d'employer l'électricité pour la transmission des signaux, et c'est de ce côté qu'il dirigea ses travaux. C'est une erreur répandue de croire qu'il ait borné ses recherches à la découverte d'un système de télégraphie optique ; il est bien démontré, au contraire, qu'avant de se résoudre aux imperfections de cette dernière, il s'occupa sérieusement d'essais électriques. Quoique le détail de ses expériences ne soit pas très connu, on sait néanmoins que le principal obstacle qu'il rencontra résida dans les difficultés d'isolement. Dans les conducteurs qui servirent à ces sortes d'essais, il ne put parvenir à retenir suffisamment, à canaliser le fluide électrique et par conséquent obtenir le minimum d'intensité nécessaire. Nous rappellerons que l'électricité statique, qui était seule connue alors, était d'une production difficile et d'un isolement presque impossible; aussi le problème de la télégraphie électrique fût-il demeuré à l'état de simple conception scientifique sans la découverte de l'électricité dynamique. En présence de cet obstacle invincible, Chappe considéra son projet comme chimérique et l'abandonna. Il n'en est pas moins vrai que, malgré cette vaine tentative, il tint un moment entre ses mains cet agent merveilleux qui, cinquante ans plus tard, devait irrévocablement faire disparaître ses vastes machines et qui restera la plus belle conquête de la science au XIXe siècle.

Il fallut donc revenir au procédé aérien. Quelques changements de détail furent encore apportés au système dont nous avons parlé, et les expériences recommencèrent. Elles avaient lieu généralement à Brûlon et à Parcé, dans la Sarthe, devant les personnes notables ou les autorités de la ville. Nous avons eu sous les yeux la copie des procès-verbaux signés par le conseil municipal de ces localités, la plus grande partie est datée de 1791; ils attestent l'utilité de l'invention, les résultats acquis et les progrès réalisés depuis le commencement des expériences, c'est-à-dire depuis quinze mois.

Cependant, au travail opiniâtre fourni par Claude Chappe, travail souvent troublé par les protestations d'incrédulité des ignorants ou des sceptiques, venaient s'ajouter les dépenses relativement élevées, effectuées de divers côtés pour la réussite de son idée. Il voyait tous les jours s'épuiser davantage son faible budget et commençait à redouter l'éventualité où, faute de fonds, sa découverte pouvait se trouver à jamais compromise. Sa famille, qui avait consenti à lui venir momentanément en aide, n'était pas décidée à lui continuer son concours pécuniaire. L'accueil fait au nouveau télégraphe était, du reste, peu encourageant et les frères de l'inventeur étaient peu soucieux de favoriser indéfiniment une entreprise qui, à ses débuts, avait provoqué les railleries et les sarcasmes de leurs compatriotes.

Mais la force morale de Chappe puisait sans cesse une énergie nouvelle dans la confiance absolue qu'il plaçait dans le succès final. Malgré les déceptions prochaines que lui prédisait son entourage, il n'en poursuivait pas moins son œuvre avec une passion et un acharnement qui ébranlèrent bientôt les convictions pessimistes de ses parents. Ceux-ci finirent par partager sa manière de voir. Dès ce moment, Chappe, à qui l'adhésion de ses frères donnait la précieuse certitude d'être efficacement secondé dans la continuation de ses travaux, résolut de quitter la Sarthe pour reprendre immédiatement le chemin de Paris.

Ce retour s'effectua vers le mois de mars 1791. A peine arrivé dans la capitale, il se préoccupa d'obtenir l'autorisation de se livrer publiquement au fonctionnement de ses appareils et, ayant fait part de son intention à des personnes amies, auxquelles cette faveur fut pour lui accordée, il n'eut plus qu'à choisir un emplacement propice aux essais qui allaient être incessamment entrepris.

C'est sur le pavillon gauche de la barrière de l'Étoile que Chappe installa son télégraphe. Deux de ses frères avaient quitté Brûlon en même temps que lui, apportant à l'œuvre commune une collaboration intelligente et dévouée. Les expériences commencèrent et se poursuivirent chaque jour, sur les différents modes de signaux, la rapidité de la manœuvre, l'éloignement des stations, jusqu'au moment où un fait extraordinaire, inexplicable, vint soudainement arrêter les expérimentateurs. Un matin que, selon leur habitude, les frères Chappe se rendaient à leur labeur quotidien, ils constatèrent que les machines et leurs accessoires avaient disparu. Il ne restait plus aucune trace du matériel du poste. On devine leur mouvement de surprise et de colère devant un état de choses qui venait sinon compromettre, du moins paralyser pour plusieurs mois la marche de leurs travaux.

Après les premiers moments d'une stupéfaction bien justifiée, ils s'enquérirent des motifs qui avaient déterminé un acte aussi répréhensible, mais il leur fut impossible de recueillir le moindre renseignement. Le télégraphe avait été enlevé au milieu de la nuit, on ne le retrouva jamais, pas plus que les auteurs de sa mystérieuse disparition.

Brusquement arrêté dans ses études, Claude Chappe quitta une deuxième fois Paris.

Six mois après, au mois d'octobre 1791, Ignace Chappe, l'aîné des cinq frères, était élu membre du Parlement. Cette élection eut sur la découverte de Claude une influence si heureuse qu'après les récents déboires on pouvait presque la qualifier de providentielle. En effet, ce dernier, que l'enlèvement de la barrière de l'Étoile était venu déconcerter et qui, tout en conservant la confiance des premiers jours, se reconnaissait impuissant à lutter contre d'aussi coupables procédés, estima que le nouveau député allait lui être d'un grand secours pour la protection de ses appareils et les démarches à tenter auprès du Gouvernement. Il vint à Paris avec lui, et la faculté lui ayant été laissée de continuer ses travaux, il reprit ses expériences qu'une malveillance inexpliquée était venue interrompre.

Chappe installa son nouveau poste dans le parc de Ménilmontant. D'importantes modifications, apportées depuis peu à ses machines, donnaient à la transmission des signaux une vitesse bien supérieure à celle constatée jusque-là, et tout venait faire espérer la manifestation prochaine d'un succès complet. Aussi, après plusieurs mois d'essais activement poussés, Chappe, satisfait des avantages réalisés par ses derniers perfectionnements, en même temps que de la rapidité obtenue à la suite d'une longue pratique de son télégraphe, pensa que le moment était venu de frapper un grand coup.

C'est alors que, dans une requête aux pouvoirs publics, il sollicita l'insigne faveur d'être admis dans l'enceinte même de l'Assemblée législative, à l'effet de développer devant les Députés en séance le résultat de ses expériences et de ses recherches. Cette possibilité, d'exposer aux Représentants du pays son projet qui, bien qu'encore considéré par les masses comme une utopie, constituait déjà un moyen sûr et rapide de correspondance, il la réclamait comme la récompense de ses travaux dont il voulait offrir les avantages à sa patrie. Sa demande eut le grand honneur d'être agréée.

Le 22 mars 1792, Claude Chappe était admis à la barre de l'Assemblée, et s'exprimait en ces termes :

« Je viens offrir à l'Assemblée législative, c'est-à-dire à la France, l'hommage d'une découverte que je crois utile à la chose publique. Cette découverte présente un moyen facile de communiquer à grande distance tout ce qui pourrait être l'objet d'une correspondance. D'après mes expériences, j'assure que la vitesse de transmission sera telle que le Corps législatif pourra faire parvenir en très peu de temps ses ordres à nos frontières... » et il terminait ainsi sa harangue patriotique : « ... L'obstacle qui me sera le plus difficile à vaincre sera l'esprit de prévention avec lequel on accueille ordinairement les faiseurs de projets.

« Je n'aurais jamais pu m'élever au-dessus de la crainte de leur être assimilé, si je n'avais été soutenu par la pensée que *tout citoyen français doit, en ce moment plus que jamais, à son pays le tribut de ce qu'il croit lui être utile.* »

Cette déclaration, si loyale et si désintéressée, produisit sur tous les bancs une excellente impression. Chappe déposa en même temps les procès-verbaux de nombreuses expériences attestant qu'elles avaient été suivies de succès, et l'Assemblée chargea son comité d'Instruction Publique de procéder à l'examen de la découverte et des services qu'elle était appelée à rendre au pays. — C'était d'un heureux présage. Cependant, malgré ces dispositions favorables, les choses traînèrent en longueur, et Chappe, toujours confiant, se remit avec ses frères courageusement au travail.

Les essais se poursuivaient depuis de longs mois, lorsqu'une cruelle déception vint à nouveau mettre leur persévérance à une bien dure épreuve. Un jour qu'ils pénétraient dans le parc de Ménilmontant, un jardinier affolé se précipitait au devant d'eux, leur annonçant que la station venait d'être la proie des flammes, à l'instigation d'une populace qui, non contente d'avoir commis ce criminel méfait, attendait leur venue pour se livrer sur leur personne à de mauvais traitements. Il exhortait les frères Chappe à s'exposer d'autant moins à une surexcitation si peu compréhensible que, tout le matériel étant détruit, leur présence sur les lieux ne pouvait plus être d'aucun secours.

On apprit, le lendemain, les causes déterminantes de cette violente intervention. Les Parisiens, intrigués par les machines élevées du télégraphe, qu'ils voyaient manœuvrer et *gesticuler* tous les jours, se demandaient vainement à quel usage elles pouvaient bien être employées. Bientôt la rumeur publique, écho souvent inconscient des passions et des haines, avait accusé Claude Chappe de correspondre secrètement avec le roi Louis XVI ! Et la foule, que cette trahison supposée avait excitée au delà de toutes limites, l'avait puni, sur-le-champ, d'un si audacieux forfait. Nous rappellerons rapidement que, depuis la journée du 10 août, Louis XVI, contraint d'abandonner son palais devant l'émeute et envoyé au Temple par l'Assemblée législative, n'était plus un roi, mais un prisonnier. C'est, en effet, des fenêtres de sa prison, qu'il avait vu la Convention remplacer cette Assemblée dont il avait jadis salué l'avènement. L'explication produite ci-dessus fut la seule donnée à ce mouvement d'indignation populaire ; elle est très plausible, quand on se reporte aux événements qui se déroulaient alors.

Devant la perte de leur matériel, un découragement profond s'empara des frères Chappe. Claude seul fit preuve, en ces circonstances, d'une énergie indomptable, en dépit des récriminations de ceux-ci qui, intéressés moins directement au succès des travaux communs, menaçaient de lui retirer leur concours et leur subvention. Ils étaient peu décidés, disaient-ils, à supporter plus longtemps des fatigues et des sacrifices, dont le bénéfice moral, si jamais ils en retiraient, ne se produirait, à leur avis, que dans un avenir lointain. Cette détermination, aussi extrême qu'imprévue, constituait, pour l'inventeur du télégraphe aérien, le plus redoutable des arrêts. Cependant, loin de se laisser abattre par les conséquences funestes pour sa découverte, que cet isolement devait fatalement entraîner, Chappe entreprit de plaider une fois encore, auprès de sa famille, la cause bien compromise de son invention.

A cette fin, il fit valoir qu'à l'incendie déjà si préjudiciable du parc de Ménilmontant ne pouvait venir s'ajouter l'effondrement complet de tous ses projets, la ruine irrémédiable de toutes ses espérances. La perte des appareils télégraphiques était un fait purement matériel, elle ne pouvait donc, sous aucun point de vue, entamer la valeur de l'idée qui, depuis quelques années, avait franchi un tel chemin qu'elle n'était plus séparée du but convoité que par une faible distance. Son abandon, disait Chappe, équivaudrait à l'anéantissement de tous nos sacrifices, de tous nos travaux antérieurs; il serait de plus un acte insensé au moment où la Convention souveraine va être appelée à se prononcer sur les avantages qu'elle peut fournir au pays. « Un jour viendra, ajoutait-il, où le gouvernement pourra exécuter ce projet et réaliser la plus grande idée que nous puissions concevoir de la puissance en se servant des télégraphes pour répandre directement chaque jour et à chaque heure son influence sur toute la surface de la République. »

Ses frères se laissèrent émouvoir par cette conviction ferme et raisonnée, par cette foi à toute épreuve que Claude possédait et qu'il parvenait à leur faire partager. Ce changement d'attitude était pour lui la seule branche de salut ; c'était le succès assuré de son œuvre. Ainsi armé pour de nouvelles luttes, Chappe se prépara à livrer les derniers combats qui devaient précéder de bien peu sa victoire définitive. Les postes télégraphiques furent reconstitués et les expériences reprises avec une ardeur que venait sans cesse entretenir la probabilité d'un triomphe prochain.

Pendant ce temps, les événements politiques se déroulaient avec une prodigieuse rapidité. Depuis le 10 août, le droit légal était épuisé contre Louis XVI, puisque la Constitution n'édictait contre lui d'autre peine que la déchéance. Mais la situation intérieure était extrême, au point qu'une coalition de l'Europe était imminente. On sait que, devant ces périls, Danton prononça ces terribles paroles : « Jetons-leur en défi une tête de roi, » à la suite desquelles Louis XVI fut condamné et exécuté par mesure de salut public.

Mais sa mort arma contre la France les États encore hésitants. Les souverains étrangers se sentaient atteints par les doctrines révolutionnaires, car la Convention avait décrété qu'elle accorderait secours et fraternité à tous les peuples résolus à recouvrer leur liberté. La République était menacée de toutes parts. C'était, dit un historien, « comme une croisade de toutes les royautés européennes pour anéantir les germes du nouvel ordre social jetés dans le monde par la Révolution ». Le pays éprouva à ce moment un grand transport d'enthousiasme qui l'éleva au-dessus des plus redoutables dangers et envisagea tous les moyens pouvant concourir à sa défense. La Convention saisit alors avec empressement le projet d'établissement de communications rapides à l'aide desquelles elle pourrait concerter les mouvements des armées dispersées sur un espace immense. Le conventionnel Romme, qui, comme membre de l'Assemblée législative, en avait été nommé rapporteur, fut invité à activer le dépôt de ses conclusions.

Dans ce rapport tardif, mais en tout point favorable, présenté seulement le 1er avril 1793, Romme concluait nettement à l'adoption provisoire du système. Il demandait en outre à l'Assemblée le vote des crédits nécessaires à la construction d'une ligne d'essai et la nomination de trois commissaires, choisis parmi ses membres, pour assister aux expériences auxquelles il devrait être immédiatement procédé. La Convention, d'accord avec son rapporteur, vota à l'unanimité une somme de 6.000 francs et nomma les conventionnels Daunou, Arbogast et Lakanal, tous trois membres du comité d'Instruction Publique, avec mission de s'assurer de l'efficacité des résultats obtenus.

Il est bon de signaler que, sur les trois commissaires désignés, un seul, Lakanal, était favorable au système de Chappe. Cette remarque est corroborée par les sentiments exprimés dans des fragments de lettres retrouvés de l'inventeur à l'illustre conventionnel, et dans lesquels il le remercie sans cesse de son inépuisable sollicitude. Dans l'un d'eux, Chappe s'exprime ainsi : « Il y a longtemps que, rebuté de toutes parts, j'aurais abandonné mon projet, si vous ne l'aviez pris sous votre protection. »

Le vote du 1er avril 1793 constitue le véritable point de départ de notre télégraphie. On peut dire que l'utilité de cette dernière ne fut jamais mieux ressentie dans le pays même où elle vit le jour que lorsqu'elle fut appelée à faire face aux nécessités les plus impérieuses du moment, aux nécessités de la guerre. Et, qui oserait affirmer, comme le déclarait plus tard l'aîné des Chappe, que, sans ces circonstances, elle n'eût pas été longtemps encore oubliée, comme tant d'autres projets accueillis avec indifférence ou qu'aucun intérêt immédiat ne poussa jamais à examiner ?

Ainsi, après bien des démarches et des tentatives vaines, après tant d'obstacles et 'de sacrifices, Claude Chappe était mis en demeure de justifier les prétentions qu'il avait exposées à l'Assemblée législative, le 22 mars 1792. Il se mit vaillamment à l'œuvre, et, à quelque temps de là, la Convention, sur sa demande, rendit le décret suivant, accordant aide et protection à sa personne et à ses machines.

« Du 2 juillet 1793.

« La Convention nationale,

« Ouï le rapport de ses Commissaires, nommés pour pour vérifier l'expérience du citoyen Chappe ;

« Ordonne aux maires, officiers municipaux et procureurs des communes de Belleville, d'Écouen et de Saint-Martin-du-Tertre (1), de veiller à ce qu'il ne soit porté aucun dommage aux machines du citoyen Chappe, de requérir à cet effet le service de la garde nationale, et d'instruire les citoyens desdites communes que les expériences à faire ont été ordonnées par le décret de la Convention nationale du 1er avril dernier. »

Trois postes furent installés : le premier à Ménilmontant, le deuxième à Écouen, à 20 kilomètres de Paris, et le dernier à Saint-Martin-du-Tertre, à 15 kilomètres d'Écouen. Durant un délai d'un mois, les expériences eurent lieu presque journellement en présence des trois délégués de la Convention, auxquels venaient se joindre des ingénieurs et des savants. Ceux-ci ne purent dissimuler leur étonnement, à la vue de la rapidité avec laquelle des correspondances qu'ils rédigeaient eux-mêmes, étaient transmises au poste extrême, c'est-à-dire à 35 kilomètres. Des télégrammes de 100 à 150 mots avaient été

---

(1) Ces trois communes avaient préalablement été choisies comme sièges des expériences.

échangés entre les différentes stations, dans des conditions de célérité telles que les Commissaires, en félicitant Claude Chappe d'un résultat si surprenant, lui laissèrent entrevoir que la récompense due à ses travaux si laborieusement poursuivis ne se ferait pas attendre. C'était l'acceptation à brève échéance de son télégraphe.

En effet, le 26 juillet 1793, les trois Commissaires présentaient leur rapport à la Convention. Il fut lu par Lakanal, qui l'avait rédigé, et reçut de l'Assemblée un accueil chaleureux, surtout dans le passage relatif aux services qu'en retirerait la patrie. La cause de Chappe était dès ce moment gagnée, et les conclusions de ce rapport, tendant à l'adoption définitive de son procédé télégraphique, furent approuvées dans le cours de cette séance. Ce succès venait enfin consacrer le talent et les efforts dépensés depuis plusieurs années par le méritant inventeur et par ses frères.

Voici, à titre de document, le rapport lu à la tribune par Lakanal, au nom du Comité d'Instruction Publique :

« La Convention nationale, par son décret du 27 avril dernier, a chargé trois membres de son Comité d'Instruction Publique de suivre les procédés présentés par le citoyen Chappe, pour correspondre rapidement à de grandes distances.

« Je viens, au nom de ces trois Commissaires, soumettre le résultat de nos opérations :

« Depuis plusieurs années, le citoyen Chappe travaillait à perfectionner le langage des signaux, convaincu que, porté au degré de la perfection dont il est susceptible, il peut être d'une grande utilité dans une foule de circonstances, et surtout dans les guerres de terre et de mer, où de promptes communications et la rapide connaissance des manœuvres peuvent avoir une grande influence sur les succès.

« Après une longue suite d'expériences, ce physicien laborieux est parvenu à former un nouveau système de signaux qui allient, à la célérité des procédés, la rigueur des résultats. La découverte que je vous annonce n'est pas seulement une spéculation ingénieuse, ses résultats ne laissent aucune équivoque sur la transmission littérale des différents caractères propres au langage des signes.

« Pour obtenir des résultats concluants, vos Commissaires, accompagnés de plusieurs savants et artistes célèbres, ont fait l'expérience du procédé sur une ligne de correspondance de huit à neuf lieues de longueur.

« Les vedettes étaient placées : la première au parc de Le Pelletier Saint-Fargeau, à Ménilmontant, la deuxième sur les hauteurs d'Écouen et la troisième à Saint-Martin-du-Tertre. Voici le résultat de la dernière expérience faite le 12 de ce mois :

« Nous occupons, le citoyen Arbogast et moi, le poste de St-Martin-du-Tertre. Notre collègue Daunou était à celui du parc Saint-Fargeau, distant de huit lieues et demie.

« A 4 heures 26 minutes, nous arborâmes le signal d'activité ; le poste de Saint-Fargeau obtint la parole et nous transmit, en onze minutes, avec une grande fidélité, la dépêche suivante : « Daunou est arrivé ici, il annonce que la Convention nationale vient d'autoriser son Comité de Sûreté générale à apposer les scellés sur les papiers des députés. »

« A son tour, le poste de Saint-Fargeau reçut de nous, en neuf minutes, le télégramme qui suit : « Les habitants de cette contrée sont dignes de la liberté par leur respect pour la Convention nationale et ses lois.»

« Nous continuâmes de correspondre avec succès, jusqu'à ce que la vedette d'Écouen eût arboré le signal d'impossibilité de transmission.

« Dans les dépêches, il se glissa quelquefois des fautes partielles, par le peu d'attention ou l'inexpérience de quelques agents. La méthode tachigraphique de Chappe offre un moyen sûr et rapide de les rectifier.

« Il est souvent essentiel de cacher aux observateurs intermédiaires, placés sur la ligne de correspondance, le sens des dépêches ; le citoyen Chappe est parvenu à n'initier, dans le secret de l'opération, que les stationnaires placés aux deux extrémités de la ligne.

« Le temps employé pour la transmission et la revision de chaque signal d'un poste à l'autre, peut être estimé, en prenant le moyen terme, à 20 secondes. Ainsi, dans 13 minutes 40 secondes, la transmission d'un signal ordinaire pourrait se faire de Valenciennes à Paris.

« Vos Commissaires ont pensé que vous vous empresseriez de nationaliser cette intéressante découverte, et que vous préféreriez à des moyens lents et très dispendieux un procédé propre à communiquer rapidement à de grandes distances.

« Ils pensent que vous ne négligerez pas cette occasion d'encourager les sciences utiles ; si leur foule épouvantée s'éloignait jamais de vous, le fanatisme relèverait bientôt ses autels, et la servitude couvrirait la terre. Rien en effet ne travaille plus puissamment les intérêts de la tyrannie que l'ignorance.

« Voici le projet de décret que je vous propose, au nom de vos Commissaires réunis au Comité d'Instruction Publique :

« La Convention nationale accorde au citoyen Chappe le titre d'*Ingénieur Télégraphe*, aux appointements de lieutenant du génie ;

« Charge son comité de Salut public d'examiner quelles sont les lignes de correspondance qu'il importe à la République d'établir dans les circonstances présentes. »

Ce rapport, que nous avons reproduit *in extenso*, à cause de son importance et des conséquences qu'il eut sur le sort de la télégraphie aérienne, fut, comme nous l'avons dit plus haut, adopté par la Convention nationale qui en ordonna l'impression immédiate.

— La France, à ce moment, était envahie par toutes ses frontières. Après la défection de Dumouriez, les coalisés, au lieu de marcher ensemble sur Paris pour y étouffer la Révolution, comme ils l'avaient déclaré, ne songeaient plus qu'à leurs propres intérêts : les Anglais à s'emparer de Dunkerque, les Autrichiens à réunir nos places fortes de l'Escaut à leurs provinces belges.

Le Comité de Salut public, qui donnait à la défense nationale la plus énergique activité, et dont Joseph de Maistre disait, en 1797, qu'il fut un miracle, car son esprit gagnait encore des batailles, entrevit les avantages que retireraient les armées de l'utilisation du nouveau télégraphe. Il décida qu'on construirait d'abord les communications destinées à relier Paris aux différentes ailes de l'armée du Nord et, par un décret du 4 août 1793, l'établissement de la ligne Paris-Lille était ordonné.

Chappe, mis en demeure d'entreprendre immédiatement les travaux, prit ses dispositions pour les mener à bonne fin. Ce n'était pas sans une réconfortante satisfaction qu'il voyait son invention définitivement acceptée par les pouvoirs publics; il lui fallait maintenant se montrer digne de la confiance que le gouvernement avait placée en lui. Sans se faire la moindre illusion sur les obstacles de toute nature qu'il allait rencontrer dans une institution nouvelle où tout était à créer, Chappe, n'envisageant que le magnifique progrès dont il allait doter son pays, se mit en devoir de répondre le plus rapidement possible à l'attente de la Convention.

Malheureusement, en dehors des difficultés inhérentes à toute innovation, la situation résultant des dangers extérieurs était une cause continuelle de lenteurs, d'arrêts même dans les travaux. Les moyens de transport faisaient défaut, par suite du manque de chevaux réquisitionnés pour le service des armées. Pour le même motif, la main-d'œuvre et les matériaux étaient la plupart du temps introuvables, et Chappe, qui était demeuré à Paris, surveillant particulièrement la construction des machines, ne put à un moment donné parvenir à se procurer les métaux indispensables à leur achèvement.

Le Comité de Salut public, auquel il avait fait part de ces contre-temps, signa, le 19 septembre, l'arrêté suivant pour l'autoriser à procéder aux acquisitions nécessaires :

« Sur la représentation du citoyen Chappe qu'il se trouve arrêté dans l'exécution de ses machines télégraphiques par le défaut de fers, lesquels sont actuellement en réquisition, le Comité de Salut public de la Convention nationale autorise le citoyen Chappe à acheter trois milliers de fers, trente bottes de gros fil de fer et douze cents livres de fil de laiton. »

Un deuxième arrêté, en date du 24 septembre, autorisait Chappe à placer ses machines sur les tours, clochers et emplacements par lui choisis et à faire tous les travaux nécessaires à leur établissement; le ministre de la Guerre était invité à donner des ordres pour réquisitionner les ouvriers dont il pourrait avoir besoin.

A partir de ce moment, les constructions furent plus activement menées, mais on avait perdu beaucoup de temps et on en perdait sans doute encore, par la force des événements, à en juger par l'impatience que manifestait Abraham Chappe dans une de ses lettres, datée d'Arras, d'où il dirigeait les travaux de cette région (1).

« Arras, 10 ventôse an II (28 février 1794).

« ......Brunet restera à Arras pour hâter les travaux relatifs aux machines; ce n'est qu'en se divisant que nous parviendrons à réaliser promptement un établisse-

---

(1) Dans la *Télégraphie historique*, M. Belloc mentionne cette lettre.

ment qui doit faire époque dans la République ; il serait bien beau de donner à la Convention nationale, au moyen des télégraphes, les premières nouvelles des succès que doivent avoir les armes de la République au commencement de cette campagne.

« Du courage et de la célérité, ça ira et fort bien.

« Abraham Chappe. »

Vers le milieu de juillet, les travaux touchaient à leur fin et, dans un nouvel arrêté du 16 du même mois, le Comité de Salut public recommandait à Chappe « de donner aux agents employés au service de ses machines la faculté de s'exercer aux manœuvres qu'il exige, à la charge par lui ou son préposé de se présenter, avant tout, au représentant du peuple Florent Guyot, actuellement à Lille, pour prendre ses ordres. »

Enfin, après bien des vicissitudes, des enthousiasmes et des découragements, la première communication télégraphique était terminée (août 1794) et, à la suite d'essais satisfaisants, elle était mise, sans plus tarder, en service. Comme on le verra plus loin, cet achèvement fut pour Claude Chappe le signal des plus odieuses accusations.

Par une heureuse coïncidence, le premier télégramme transmis se trouve associé à un événement glorieux pour les armes françaises. Daté du 28 thermidor an II (15 août 1794), il annonçait au Gouvernement la reprise du Quesnoy sur les Autrichiens.

Il nous faut rectifier ici une erreur historique, généralement admise, qui attribue à cette première dépêche l'annonce de la reprise de Condé. Cette atteinte à la vérité trouve son explication dans la particularité suivante : le 13 fructidor an II (30 août 1794), quand parvint à Paris le message faisant connaître au Comité de Salut public le brillant fait d'armes de Condé, la Convention était en séance et il fut, dès sa réception, lu à la tribune et accueilli de tous côtés avec un débordement d'enthousiasme. Pour la reprise du Quesnoy, au contraire, la Convention ne siégait pas lorsqu'on en apprit la nouvelle et le nouveau moyen par lequel on l'avait transmise passa pour ainsi dire inaperçu.

Toutefois, si la première application pratique de la télégraphie resta en partie ignorée du public, on est en droit d'être surpris qu'un grand nombre d'auteurs et d'historiens aient commis, sur ce point, une semblable erreur. En effet, le 30 thermidor an II, deux jours après la *reprise du Quesnoy*, à la plus prochaine séance de la Convention qui suivit, Barrère, qui était membre du Comité de Salut public, communiquait officiellement à l'Assemblée la dépêche suivante : « Garnison autrichienne forte de 3.000 esclaves a mis bas les armes et s'est rendue à discrétion. » Barrère signalait en même temps le fonctionnement du nouveau télégraphe *par l'entremise duquel le succès remporté au Quesnoy avait été transmis à Paris* avec une surprenante rapidité. Or ceci se passait treize jours avant la reddition de Condé.

La *Gazette nationale* du 1er fructidor an II reproduit comme il suit les paroles prononcées en cette circonstance par l'orateur précité.

« Citoyens, des quatre places livrées par la trahison à l'Autriche, la seconde vient de rentrer au pouvoir de la République. Nous avons annoncé, il y a quelques jours, la reprise de Landrecies, aujourd'hui le Comité vous annonce la reprise du Quesnoy.

« ......Nous saisissons cette occasion pour vous parler d'un établissement nouveau, fait sous les auspices de la Convention nationale, d'une machine par le moyen de laquelle la nouvelle de la reprise du Quesnoy a été portée à Paris, il y a deux jours, une heure après que la garnison y est entrée.

« .....L'essai de cette invention s'est fait l'année dernière en présence de Commissaires nommés par la Convention. Sur le rapport avantageux qu'ils firent, le Comité mit tous ses soins à établir, par ce procédé, une communication entre Paris et les places de la frontière du Nord, en commençant par la place de Lille.

« Près d'une année a été employée à réunir les instruments nécessaires, à former les établissements des machines, à apprendre aux hommes les manœuvres nécessaires à ce service.

« Ces machines, qui sont de l'invention du citoyen Chappe, ont été exécutées sous ses regards ; c'est lui qui en conduit la manœuvre à Paris. »

Dans son éloge de l'invention, Barrère n'oublie pas de faire allusion aux récentes attaques dont Chappe avait été l'objet ; il continue ainsi :

« Les peuples modernes, par l'imprimerie, par la poudre, par la boussole, par le langage des signes télégraphiques, ont fait évanouir les plus grands obstacles qui s'opposaient à la civilisation des hommes.

« Malgré les lumières qui caractérisent la fin du xviiie siècle, les inventions modernes ne sont pas à l'abri *des accusations ridicules* dont les plus grandes conceptions du génie ont été frappées dans d'autres siècles. C'est aux législateurs à faire cesser *les clameurs de l'ignorance*, c'est à la Convention à encourager les arts et les sciences. Elle a toujours regardé comme des bienfaiteurs de la patrie, les citoyens qui contribuent à étendre les connaissances ou à utiliser les résultats de la science.

« La récompense de cette invention, pour son auteur, est dans la mention que j'en fais à cette tribune, de même que la récompense de l'armée du Nord est dans le décret que votre Comité de Salut public vous propose. »

Voici la teneur de ce décret transmis télégraphiquement à l'armée du Nord : « La Convention nationale décrète que les troupes qui ont fait le siège du Quesnoy ont bien mérité de la patrie. »

— Si nous nous sommes étendu un peu longuement sur cette séance de la Convention (1), c'est afin qu'il ne subiste désormais aucun doute sur le premier télégramme reçu par le Comité de Salut public en démontrant que, lors de la reprise de Condé, effectuée quinze jours après (13 fructidor an II — 30 août 1794), le télégraphe avait déjà fait ses preuves, brillamment inauguré à l'occasion de la reddition du Quesnoy.

(1) Séance du 30 thermidor an II (17 août 1794).

La distinction civique que venait de décerner la Convention à l'inventeur du télégraphe et qui résidait entièrement dans la proclamation officielle de son mérite, était la plus précieuse qu'ambitionnait Claude Chappe. Car, en outre qu'elle consacrait hautement son utile découverte, elle était une réponse victorieuse à ceux qui n'hésitaient pas à lancer contre lui de méprisables accusations.

Le télégraphe était créé.

Disons, pour être vrai, qu'au milieu de tous les obstacles accumulés devant les frères Chappe pendant la construction de la ligne Paris-Lille, quelques points de détail avaient dû forcément être négligés. Peu de jours après la reprise du Quesnoy, Abraham, resté à Lille, frappé de certains effets défectueux attribués aux préoccupations de la dernière heure ainsi qu'à l'inexpérience des auxiliaires, concluait ainsi dans une lettre à Claude (1) :

« Juge combien tout cela est désagréable dans un moment où les nouvelles vont pleuvoir de toute part, car il s'agit d'annoncer la reddition de l'Écluse, Valenciennes, Condé, etc., etc.

« Grâce à mes soins, le Quesnoy n'a point échappé. Nous avons annoncé sa reddition dix heures avant que le courrier ait pu arriver à la Convention... »

— On sait déjà que si le Quesnoy ne lui avait pas échappé, Condé, quelques jours plus tard, ne devait pas lui échapper davantage.

Le procédé trouvé par Claude Chappe pour transmet-

---

(1) Cette lettre est une preuve irréfutable de la réception par télégraphe du message annonçant la reddition du Quesnoy.

tre la pensée par un langage particulier, se répétant de proche en proche, venait dépasser les plus optimistes prévisions. Pendant l'année écoulée depuis le rapport de Lakanal, le modeste inventeur avait déployé une force morale et une énergie peu communes. Entouré de difficultés inouïes, il avait dû mener de front la construction des appareils, l'établissement des stations et l'instruction professionnelle d'un personnel ignorant les plus élémentaires notions du travail qu'il allait fournir.

Chappe avait donc résolu le premier le problème de la correspondance télégraphique par la voie aérienne; cette gloire, que des esprits bas et jaloux essayaient déjà de lui enlever ou d'amoindrir, lui revient bien tout entière. L'invention du télégraphe ne peut pas plus lui être contestée que ne le serait aujourd'hui l'invention de la navigation aérienne, qui est l'objet de nos jours de si intéressantes recherches, à quiconque la découvrirait, bien qu'un grand nombre d'aéronautes aient accomplis depuis 1783, date des premiers aérostats, de périlleux voyages au gré des vents. Quelque temps après la découverte des frères Montgolfier, on demandait à Franklin : « A quoi peut servir le globe aérostatique ? » Il répondit simplement: « A quoi sert l'enfant qui vient de naître ! » Cette réponse judicieuse pourrait être renvoyée à nombre de dénigreurs systématiques qui sourient gravement en accordant un souvenir à l'ancien télégraphe à bras, sans songer qu'avant Chappe il n'existait, en fait de télégraphie, autre chose que le néant et que si depuis « l'enfant » a grandi et tenu ses promesses, son père avait au moins le mérite de lui avoir donné le jour. Et pourquoi ne pas contester aussi à Christophe Colomb d'avoir découvert l'Amérique sous le prétexte qu'en 1492, date de ce retentissant événement, l'existence d'un nouveau monde était depuis longtemps soupçonnée !

En thèse générale, on ne peut nier que toutes les idées initiales des grandes découvertes sont dues à la tradition ou au hasard, mais on en a toujours considéré comme les véritables inventeurs ceux qui les ont rendues pratiques et utiles en les faisant solidaires d'idées accessoires qui leur étaient indispensables pour prendre corps et se manifester.

Ceci n'est pas contestable et il serait trop aisé de fournir de nombreuses preuves à l'appui de cette assertion. Nous ne donnerons que la suivante, qui offre en outre un des plus tristes et des plus remarquables exemples du génie en proie à une constante adversité : Personne n'ignore que l'inventeur de la machine à vapeur fut Denis Papin. C'est, en effet, ce physicien français qui imagina la première machine à piston et l'actionna au moyen de la vapeur d'eau. Mais si Papin a très justement recueilli la gloire de cette découverte, par la raison qu'avant lui rien de semblable n'existait et qu'il fut *le premier à la rendre applicable aux arts, à l'industrie, à la navigation*, etc., on ne doit pas perdre de vue qu'un ingénieur éminent, Salomon de Caus, avait trouvé, un demi-siècle auparavant, les propriétés de la vapeur d'eau comme force motrice. Malheureusement, il s'en était tenu à cette découverte et n'avait jamais utilisé la force immense d'expansion qu'elle venait de lui révéler. Papin, pauvre et abandonné, mourut en exil sans qu'il ait été possible de connaître l'année précise ni le lieu de sa mort.

Parmi les prodiges que fit éclore la Révolution, le télégraphe est un de ceux qui devaient être appelés au plus brillant avenir. Déjà, dès sa mise en œuvre, il était facile de prévoir les avantages généraux qu'en retirerait plus tard le pays et ceux plus immédiats dont le Gouvernement allait bénéficier pour entretenir une effervescence salutaire pendant la période de lutte et de transformation sociale que traversait la nation. Au grand étonnement de tous, on pouvait maintenant télégraphier à Lille, recevoir la réponse et télégraphier encore dans la même journée. L'invention de Chappe venait donc fournir à la République le moyen de créer des communications entre les points les plus éloignés de son territoire et consolider son unité, par la liaison intime qu'elle allait contribuer à donner à toutes ses parties.

Nous avons dit que le télégraphe avait, dès sa mise en service, apporté la nouvelle de deux victoires françaises, si rapprochées l'une de l'autre que plusieurs auteurs avaient confondu celle qui la première avait été transmise à Paris. Comme ces deux télégrammes ont une importance capitale pour l'historique des débuts de notre télégraphie, et que de plus ils eurent un sérieux retentissement en raison des événements qu'ils annonçaient et du procédé, jusqu'alors inconnu, par lequel ils étaient parvenus au siège du Gouvernement, nous allons, comme pour la reprise du Quesnoy, indiquer comment se passèrent les choses lors de la reddition de Condé.

Le 13 fructidor an II (30 août 1794), la Convention

était en séance, lorsqu'un membre éminent du Comité de Salut public, Carnot, fit savoir à l'Assemblée qu'il avait une heureuse nouvelle à lui communiquer. Il venait de recevoir la dépêche suivante : « Condé est restitué à la République ; la reddition a eu lieu ce matin à six heures. » Ce message fut lu à la tribune d'une voix vibrante par Carnot lui-même, fier de porter ce nouveau succès de nos armes à la connaissance de la Convention. Cette dernière accueillit cette lecture par une triple salve d'applaudissements et demanda à ce qu'il y fût répondu séance tenante et par la même voie, par deux décrets : l'un changeant le nom de Condé en celui de Nord-Libre, l'autre proclamant que l'armée du Nord ne cesse de bien mériter de la patrie. Ces décrets furent transmis sur-le-champ, par le télégraphe, et la Convention siégeait encore lorsque son président reçut cette communication :

« Paris le 13 fructidor, an II de la République. 5 h. 1/2 du soir.

« J'annonce au citoyen Président que les décrets de la
« Convention nationale changeant le nom de Condé en
« celui de Nord-Libre et que l'armée du Nord ne cesse
« de mériter de la patrie sont transmis à Lille ; j'en ai
« reçu avis par le télégraphe.

« J'ai chargé mon préposé à Lille de faire passer ces
« décrets à Nord-Libre par courrier extraordinaire. »

« Chappe. »

Ce résultat inespéré laissait loin derrière lui tout ce qu'on avait pu imaginer jusque-là, et le télégraphe allait être à l'avenir journellement employé. C'est ainsi que, le lendemain de la prise de Condé, le général commandant l'armée du Nord détaillait les opérations dans un nouveau télégramme qu'il terminait en ces termes : « Le territoire de la République ne supporte plus d'esclaves : 30 bataillons et 15 escadrons vous demandent des ordres pour voler à de nouveaux succès. » L'exaltation patriotique qui dominait partout et qui se manifeste dans tous les documents de cette époque caractérise bien les dangers extrêmes qui menaçaient la France. L'enthousiasme républicain et la victoire soutenaient seuls ces troupes d'une bravoure à toute épreuve et privées des objets les plus nécessaires.

Telles furent les origines de la télégraphie réelle ; mais, nous l'avons dit, avec son application, survint pour son fondateur tout un cortège de calomnies inspirées par les plus bas mobiles. Malgré l'oubli profond dans lequel était tombé le procédé télégraphique de Linguet, dont nous avons parlé au début, Chappe fut formellement accusé de l'avoir purement reproduit ! Un auteur allemand et bien d'autres après ont formulé cette stupide affirmation en déclarant que les indications et les plans relatifs aux travaux de Linguet avaient été, après son exécution, trouvés dans ses papiers par Robespierre et remis à Claude Chappe pour les besoins de sa cause. On comprendra toute l'inanité de cette imputation, quand nous aurons rappelé que le télégraphe de Chappe fut présenté par son auteur à l'Assemblée législative, au mois de mars 1792, et que ce n'est qu'au mois d'octobre 1793 que Linguet fut arrêté pour la deuxième fois et guillotiné.

De plus, pendant les dix-neuf mois qui s'écoulèrent entre le dépôt du projet Chappe et la mort de Linguet, celui-ci, cependant si intéressé, ne produisit jamais aucune protestation.

A partir de cette époque, Claude Chappe eut la direction du service télégraphique. La transmission des correspondances, la construction des lignes et l'administration générale furent confiées à ses soins. Ses ennemis en éprouvèrent un vif mécontentement, et leurs attaques redoublèrent de violence et d'acrimonie. L'institution elle-même fut présentée sous un aspect défavorable et dépréciée dans son ensemble. Les uns affirmaient que, dans la pratique, les résultats étaient loin de répondre à la hardiesse d'une aussi vaste conception ; les autres, tout en reconnaissant les « imperfections » de la méthode adoptée, niaient que Chappe en fût le véritable auteur.

Parmi ces derniers, les amis de M. de Courrejolles, qui avait jadis proposé au Gouvernement un projet de transmission télégraphique, émirent des accusations aussi précises que fausses. Comme les enthousiastes mais peu sincères défenseurs du système Linguet, ils reprochèrent à Chappe d'avoir exactement reconstitué, ou à peu de choses près, le procédé malheureux de ce premier, de sorte que le nouveau télégraphe se trouvait être en même temps la reproduction des deux télégraphes précédents qui ne se ressemblaient aucunement entre eux! Le mal fondé de cette allégation, dont nous allons néanmoins fournir la preuve, donnera une juste idée des moyens employés pour combattre le nouveau mode de correspondance et déconsidérer à tout prix son laborieux inventeur;

Deux postes télégraphiques existaient au même moment, l'un sur le dôme du Louvre, l'autre sur le pavillon central des Tuileries. Ces télégraphes n'avaient entre eux aucune analogie, leur système était différent, ils n'émanaient pas du même auteur. Le premier, celui du Louvre, était de Chappe et constituait provisoirement son poste d'arrivée; le deuxème, placé aux Tuileries à titre d'essai, était l'œuvre de Monge. Tous deux ne restèrent là que peu de temps, c'est dire que leur présence simultanée en cet endroit fut très opportunément saisie au vol pour être aussitôt exploitée d'une façon qui ne répondit pas, il est vrai, au but qu'on désirait atteindre. Le contraire se produisit. Les amis dévoués de M. de Courrejolles avaient remarqué que l'un des télégraphes possédait quelques points de ressemblance avec l'ancien projet de ce dernier ; c'était celui des Tuileries. Le télégraphe de Monge se prêtait donc seul aux exigences de leur démonstration ; mais les adversaires de Chappe n'y regardèrent pas de si près et c'est sur lui que se concentrèrent leurs véhémentes protestations ! Voilà comment, dans leur aveugle colère, les détracteurs du télégraphe français faisaient un crime à son inventeur des rapprochements qu'avait, avec le projet avorté de M. de Courrejolles, le *télégraphe des Tuileries*, auquel Chappe était absolument étranger. Cela n'empêcha pas les propagateurs d'une aussi mensongère assertion de soutenir que le télégraphe, adopté par la Convention, avait été injustement repoussé, lorsque celui à qui on en était redevable, M. de Courrejolles, l'avait présenté en personne !... Il est d'ailleurs évident que si Chappe eût connu ou employé les moyens découverts avant lui, toutes les expériences et tous les sacrifices pécuniaires qu'il s'imposa eussent été sans objet.

Malgré le peu de consistance de toutes ces calomnies, Chappe en ressentait les profondes atteintes. Toutefois, pour ne donner aucune satisfaction à ses accusateurs, il ne laissait rien percer des amertumes que lui causaient les doutes répandus sur sa récente découverte et il poursuivait sans faiblesse la construction des lignes de correspondance que la Convention avait ordonnée. Cette activité dans les travaux fit bientôt considérer le télégraphe à l'étranger comme autre chose qu'une institution sans utilité et sans avenir. Nos ennemis extérieurs avaient accueilli ses débuts par des encouragements ironiques, allant même jusqu'à prétendre que le gouvernement français avait imaginé cette diversion pour attirer leurs regards et détourner leur attention des événements en cours ! Si extraordinaire que puisse paraître cette opinion, elle n'en était pas moins très répandue. Nous en trouvons l'assurance, dans un rapport qu'adressa à l'empereur François II Bergtrasser lui-même, l'auteur de la synthématographie, et dans lequel il disait : « Au surplus, je crains que les Français n'emploient leur télégraphe à autre chose qu'à un but politique. On s'en sert pour amuser les Parisiens qui, les yeux toujours fixés sur la machine, disent : Il va ! il ne va pas ! On profite de la même occasion pour attirer l'attention de l'Europe, et en venir insensiblement à ses fins. »

La citation qui précède indique combien on comptait peu, il y a cent ans, sur la possibilité de créer un service télégraphique véritablement pratique. Les esprits n'étaient pas préparés à un progrès si considérable et n'entrevoyaient pas encore les avantages usuels qui allaient en découler. Mais les choses changèrent de face, après quelques années d'acclimatation. C'est pourquoi, après cette force d'inertie que Chappe avait eu à combattre aux heures d'incertitude et d'angoisse, il voyait maintenant surgir d'ardentes rivalités. Il était certain, en effet, que le nouveau procédé de correspondance, qui couvrait déjà son auteur de gloire, le consacrerait dans la suite génie national, aussi fut-il revendiqué par nombre de personnes séduites par une perspective bien éloignée, hélas ! de leur prétention. A tous ceux qui se plaignaient d'avoir vu leur projet repoussé comme inapplicable, Chappe répondait doucement : « Mais si, dès l'âge de 15 ans, on m'eût proposé d'établir une ligne télégraphique de Paris à Rome et qu'on m'eût donné, pour tout moyen, *un simple balai*, je me serais chargé de faire parvenir avec certitude et *plus ou moins promptement* des dépêches à destination ! » et les récriminations reprenaient de plus belle.

Au nombre des premières lignes terminées et mises en service sous la direction de Claude Chappe, il faut citer, d'abord, celle de Paris à Lille, prolongée ensuite jusqu'à Dunkerque en 1798 et jusqu'à Bruxelles en 1803 ; les lignes de Paris à Brest, de Paris à Lyon, de Paris à Strasbourg, cette dernière poursuivie jusqu'à Huningue, un an après. Au sujet de cette ligne, signalons la dépêche suivante qui étonna par la rapidité avec laquelle elle parvint à Paris ; elle relate un nouveau succès de nos armes :

« *Dépêche télégraphique d'Huningue.*
« *Du 16 floréal an VIII de la République*, 10 h. m.

« — Général en chef de l'armée du Rhin au ministre de la Guerre. »

« Une bataille générale a eu lieu le 15 à Moskirch. L'acharnement a été extrême des deux côtés, mais l'ennemi a été complètement battu. Il est en pleine retraite et je le fais poursuivre avec vigueur. La perte en tués, blessés et prisonniers est immense. »

« Pour copie :
« Chappe. »

« Note. — Le citoyen Chappe envoie en communication au ministre de la Marine cette dépêche, persuadé qu'elle lui sera le plus grand plaisir. »

Ce télégramme avait mis moins de trois heures pour arriver à destination.

Sous le Directoire, la télégraphie aérienne subit un ralentissement. L'unique cause de ces retards résidait dans les difficultés de la situation intérieure. Le Trésor était vide, force fut donc de s'en tenir à des projets qu'on ne pouvait exécuter, faute d'argent.

Cependant, la création des télégraphes ambulants, arrêtée en principe, reçut un commencement d'application et bientôt la plupart de nos armées en furent pourvues (1).

Les télégraphes, qui, jusque-là, avaient relevé du mi-

(1) Notre télégraphie militaire actuelle, dans l'organisation de laquelle d'utiles et importantes réformes ont été introduites depuis 1870, se trouve, sous plusieurs rapports, tributaire du système optique de Chappe.

nistère de la Guerre, furent attachés au ministère de l'Intérieur, et Chappe, qui avait déjà eu la pensée de faire entrer ce service dans le domaine privé (1), ayant jugé le moment opportun, adressa au Gouvernement une requête dans ce sens. Pour des raisons politiques, sa demande fut repoussée et les télégraphes restèrent longtemps encore ce qu'ils avaient été dans le passé : une institution exclusivement officielle. Plus tard, sans cesse préoccupé de perfectionner son œuvre, il formula vainement le même projet, en lui donnant toutefois de plus vastes proportions; il consistait à relier Paris aux principaux ports de l'Europe. Ce sentiment de l'avenir de la téléphie, qui ne fut qu'un rêve pour Claude Chappe, devint dans la suite une réalité avec le télégraphe électrique.

Diverses nations européennes suivaient notre exemple dans la voie du progrès et avaient adopté, depuis peu, différentes méthodes de transmission aérienne, toutes basées sur le télégraphe de Chappe, mais qui lui étaient généralement inférieures. Les Anglais, toujours prompts à utiliser ce qui peut servir leurs projets, avaient été des premiers à nous imiter. Des postes télégraphiques existaient dans la Manche, communiquant de Déal à Portsmouth, de Portsmouth à Falmouth et reliant ces divers ports à Londres. Mais la disposition de ces stations n'était point le fait du hasard ; elle avait pour but déterminé de permettre aux Anglais d'exercer une surveillance continuelle sur les côtes de France, ce qui, vu les

(1) L'emploi du télégraphe pour la correspondance privée ne fut voté par l'Assemblée législative qu'à plus d'un demi-siècle de là, en 1850.

événements, était un avantage de premier ordre. L'année 1797 touchait à sa fin, et il est utile de rappeler que si, depuis le traité de Campo-Formio, l'Autriche avait posé les armes, l'Angleterre, inattaquable dans son île, ne pouvant consentir à nous laisser le fruit de nos victoires, continuait la guerre. On prépara chez nous une armée d'Angleterre, dont le commandement fut confié à Bonaparte. Ce dernier visita les ports pour préparer la descente qu'il projetait, et c'est alors que notre état d'infériorité, au point de vue de la surveillance des côtes, lui ayant été démontré, on étudia les moyens d'y remédier promptement.

Déjà à cette époque, les télégraphes de Chappe étaient munis de feux de nuit, mais leur lumière n'était pas suffisante pour être utilement aperçue à plus de 12 kilomètres. L'éventualité d'un service de nuit à plus longue distance, qui n'avait pas été prévue ou qu'aucune nécessité n'était encore venue imposer, donna naissance à des compétitions depuis longtemps latentes, qui n'attendaient pour se manifester au grand jour qu'une occasion favorable. Une violente polémique, dont Chappe fut naturellement le point de mire, éclata bientôt. Elle eut pour principal objet de préparer la prise en considération d'un projet de télégraphe que MM. Béthancourt et Bréguet (1) avaient en portefeuille et qu'ils étaient impatients de produire en public. La question des feux de nuit ayant été posée, ces messieurs ne manquèrent pas de s'offrir pour les perfectionner, pensant par ce moyen

(1) On doit regretter de voir en cette affaire M. Bréguet, qui fut un éminent constructeur-mécanicien.

arriver à leurs fins. Comme il s'agissait, en réalité, de substituer leur propre méthode télégraphique au télégraphe français, le motif des feux invoqué n'étant qu'un prétexte venu à point, ils s'appliquèrent, pour les besoins de leurs intérêts, à montrer celui-ci le plus défectueux possible. On ne saurait, pourtant, blâmer les deux constructeurs pour le seul fait de s'être inspirés de l'opportunité de circonstances susceptibles de favoriser l'adoption de leur appareil, car les inventeurs ont toujours eu un enchevêtrement de résistances qu'il leur faut briser et d'aucuns, même avec beaucoup de talent, ne sont jamais parvenus qu'à se faire taxer de plagiaires ou d'incapables.

Si donc, leur intervention se fût produite dans les conditions de sincérité, seules compatibles avec la réserve que leur imposaient les enseignements très habilement retirés par eux d'un système de transmission en service depuis plusieurs années, il n'y aurait eu rien à dire ; malheureusement, elle se caractérisa, jusqu'au bout, par des procédés blessants à l'égard de Chappe. Dans la requête adressée par eux au Directoire, le télégraphe en usage est présenté sous les jours les plus mauvais et les plus faux ; son inventeur est nettement accusé d'avoir employé des moyens trouvés par d'autres personnes, sans le concours desquelles il ne fût jamais parvenu à constituer une machine « ingénieuse et pratique ». C'était déjà reconnaître que le télégraphe existant était, malgré ses « défectuosités », capable de rendre au moins de légers services.

Chappe, de son côté, n'avait pas perdu de temps. A peine l'insuffisance de ses feux avait-elle été signalée, qu'il s'était mis en mesure de leur donner l'intensité exigée par les besoins présents. Ce résultat avait été facilement obtenu. C'est sur ces entrefaites que MM. Béthancourt et Bréguet présentèrent l'exposé de leur nouveau projet. Voici le passage le plus intéressant de ce factum que nous avons eu quelque peine à retrouver :

« Ne pensez-vous pas qu'il serait d'une extrême importance de faire la contre-partie aux Anglais ? On devrait d'autant plus s'en occuper que, d'après un arrêté auquel tous les cœurs français ont applaudi, une armée va se rassembler sur nos côtes pour venger enfin le peuple français et toutes les nations de l'ambition insatiable et de l'intolérable despotisme que l'Angleterre exerce depuis longtemps sur les mers. Bonaparte commandera cette armée. Quel avantage ne sera-ce pas pour lui de pouvoir être instruit à l'instant même de tous les mouvements qui se feront dans les ports d'Angleterre et, si on se propose de faire une descente dans ce pays, que l'ordre en soit partout donné en même temps ? Le télégraphe actuel ne peut donner ces avantages. Son établissement demande un temps considérable, et les inconvénients sont nombreux dans les machines employées. Au contraire, dans celles que nous vous proposons la manœuvre est aussi simple que facile et les résultats sont certains et infaillibles. C'est d'ailleurs *sur les indications d'autres citoyens que Chappe, qui jusque-là s'en était occupé sans succès*, adopta les moyens ingénieux qui font mouvoir son télégraphe. »

Ainsi, les avantages que devait réunir le système préconisé par MM. Béthancourt et Bréguet étaient, au dire de leurs auteurs, aussi « certains qu'infaillibles ». Dans la pratique, cependant, ils furent loin de répondre à leurs élogieuses prédictions. Cette entreprise, adroitement menée, eut, grâce au concours d'amis remuants, un certain écho. Ceux-ci vantèrent en tout lieu et prônèrent dans plusieurs journaux le *nouveau* télégraphe, qu'ils présentèrent au public accompagné des plus heureux présages. *Le Républicain* de l'époque contient la protestation indignée de Chappe, que les procédés peu courtois des deux constructeurs avaient fait sortir de la réserve qu'il s'était imposée. Dans sa réponse, Chappe n'a pas de peine à démontrer que l'invention « soi-disant nouvelle n'est autre que la sienne impitoyablement mutilée », mais de laquelle, « si maltraitée qu'elle ait été, » on ne peut pas dire :

« Et que méconnaîtrait l'œil même de son père, »

car, sur-le-champ, il l'a parfaitement reconnue !

Les personnes influentes qui patronèrent cette affaire finirent par obtenir l'autorisation de procéder à des expériences officielles. Elles eurent lieu à Meudon, devant une commission composée d'hommes compétents désignés par un membre du Directoire.

Dès que le système Béthancourt-Bréguet et celui de Chappe eurent été comparativement expérimentés et discutés, la commission fut convaincue que le projet qu'on lui soumettait n'était « qu'un enfant bâtard et avorté » du télégraphe existant. Seule, la dimension des machines avait été sensiblement diminuée, ce qui, en nécessitant le rapprochement des stations, augmentait dans une large mesure les frais de personnel et d'installation ; de sorte que, pour une même ligne, le nombre des transmissions était plus grand et par suite aussi les chances d'erreur. Quant à la rapidité, dans ces conditions, elle ne pouvait être supérieure : c'était donc loin d'être un progrès, ce n'était pas davantage une innovation. Chappe avait déjà pensé aux bénéfices qu'on pouvait retirer, dans certains cas seulement, d'appareils réduits, puisque, sous la dénomination de télégraphes ambulants, il avait fait construire de moins volumineuses machines destinées, nous l'avons dit, à suivre les opérations de nos armées. Lui-même s'exprime ainsi au sujet de ce qui précède : « J'ose assurer que l'examen de ces prétendues découvertes télégraphiques a dû faire perdre à Bréguet beaucoup de considération. Dès 1792, j'ai présenté à l'Assemblée législative et depuis aux différents gouvernements des télégraphes que j'appelle ambulants, dont la construction n'excède pas 1.500 francs et qui ne sont autres que le télégraphe du Louvre réduit à de petites dimensions. »

Aussi, malgré le déploiement de réclames et le bruyant concert de louanges, qui, dès son apparition, avaient accueilli ce *nouveau télégraphe*, on n'entendit bientôt plus parler de lui. On doit donc juger sévèrement les signataires de la requête au Directoire pour les critiques inconsidérées prodiguées contre l'invention de Chappe qu'ils attaquaient dans ses origines comme dans ses résultats. C'est qu'on ne peut longtemps en imposer sur les choses qu'un usage de chaque jour est appelé à consacrer. Il ne reste rien des meilleurs témoignages ni des plus belles promesses, lorsque les résultats obtenus sont insuffisants : protecteurs et protégés sont alors bien forcés de reconnaître leur impuissance et de s'incliner devant l'évidence des faits. Il en sera toujours ainsi pour les conceptions, même les plus ingénieuses, quand elles seront en désaccord avec les lois de la pratique et du progrès.

La campagne si habilement conduite pour préparer le Gouvernement et l'opinion à accepter le projet Bethancourt-Bréguet avait piteusement échoué. Mais on aurait tort de supposer qu'avec cet échec, qui était pour le télégraphe de Chappe une preuve de plus de son incontestable supériorité, survint la fin de polémiques que cette nouvelle démonstration aurait dû enfin raisonnablement amener. Il en fut tout autrement. Après cet insuccès décisif, les attaques redoublèrent de différents côtés, au point que Chappe se vit contester presque journellement la priorité de son invention. On écrivait à son adresse : « La nouvelle machine a passé sous vos yeux sans que vous en ayez compris ni le jeu ni les principes, malgré leur extrême simplicité. Il s'agirait enfin de savoir si ce fut Amontons, en France, qui le premier inventa le télégraphe ou vous, comme on ne pourrait le prétendre cent ans après les premières expériences. » Nous avons dit en débutant, et nous répétons ici, que, malgré les recherches sérieuses auxquelles s'était livré Amontons à la fin du xviie siècle, il n'était resté que des indications peu précises sur les moyens qu'il avait employés, moyens vraisemblablement impraticables et qui ne furent jamais en honneur.

Dans cette persécution sans trêve, Chappe se vit

souvent refuser le droit même de se défendre. Un jour, qu'il se disposait à répondre par des arguments dont ses adversaires redoutaient la puissante logique, on l'arrêta par ces mots : « L'homme d'un vrai mérite, citoyen, s'occupe, dans un silence qu'il doit savoir respecter, de ses travaux utiles. »

C'est de cette façon inqualifiable qu'on traitait celui qui eut la gloire de fonder le télégraphe en France et d'organiser l'administration. Il est regrettable que, des éléments de ces attaques à peu près disparus aujourd'hui, il ne soit possible de reconstituer avec difficulté que de rares fragments, car il eût été d'un intérêt considérable de reproduire tout au long ce qu'engendra à l'endroit de Chappe la jalousie haineuse et persécutrice d'adversaires déçus. Néanmoins, et c'est l'essentiel, les quelques documents que nous avons pu retrouver suffiront à établir amplement la preuve indéniable des tortures morales qu'il endura.

On publiait encore à son encontre : « L'homme médiocre se montre toujours aussi content de lui que difficile sur le mérite des autres. Pauvre de son fond, il se traîne péniblement sur les traces de ceux qui l'ont précédé, limitant sa besogne à s'exercer sur les idées et sur les travaux d'autrui. Ce *qu'il croit avoir produit* est toujours, à ses yeux, le *nec plus ultra* et il s'extasie devant son faible ouvrage. »

En dépit de ce traitement odieux, les télégraphes de Chappe continuaient à fonctionner et à rendre les plus grands services au pays. Ils suivirent nos armées en Allemagne, en Italie, en Russie, et plus tard en Algérie et en

Crimée. Bonaparte ordonna, en 1805, la prolongation jusqu'à Milan de la communication télégraphique Paris-Lyon, poursuivie jusqu'à Venise en 1810. Mais Chappe n'assista pas aux développements de sa chère invention. Écœuré de tant d'ingratitude, découragé par tant d'injustice, il se laissa bientôt aller à une tristesse si profonde, à une si sombre mélancolie, que son entourage se prit à redouter les résolutions les plus extrêmes.

Malheureusement, ces cruelles appréhensions ne tardèrent pas à se réaliser. Chappe ne put survivre aux calomnies et aux humiliations que sa nature seulement accessible aux nobles pensées, aux aspirations généreuses, était impuissante à dominer. Le 25 janvier 1805, contrairement à son habitude, il ne paraissait pas à l'atelier des télégraphes. L'abattement excessif qui s'était emparé de lui fit considérer aussitôt cette absence anormale comme l'indice d'une fatale détermination. En effet, le jour même, son cadavre était retrouvé à l'hôtel Villeroi qu'il habitait et à l'emplacement duquel se trouve aujourd'hui le n° 9 de la rue de l'Université. Vaincu par le dégoût dont on l'accablait, il avait mis fin à ses jours en se jetant dans un puits. Il était âgé de 42 ans.

Cette mort prématurée fut un deuil pour les sciences. Elle vint déconcerter les adversaires de Chappe qui, par leur attitude, avaient précipité un dénouement que tout le monde maintenant était unanime à déplorer. Un monument, qui subsiste encore sur sa tombe, fut élevé au cimetière du Père-Lachaise au premier des télégraphistes, à l'inventeur et au patriote.

— A propos de l'éclatant hommage qui, cent ans après,

va lui être rendu, à propos aussi des contestations nombreuses qui surgirent avec la réalisation de son idée, qu'on nous permette une diversion toute d'actualité, puisque l'événement auquel elle se rattache est celui qui présida aux débuts de notre télégraphie et que son centenaire a été récemment célébré.

Le chant de *la Marseillaise* qui, comme le télégraphe, naquit de la Révolution, ne fut-il pas aussi contesté à son auteur ? C'est que de ce côté encore il y avait de la gloire à recueillir, et quelle gloire plus pure peut-on espérer que celle d'avoir été, dans un jour de redoutable péril, l'interprète inspiré de toute une nation décidée à défendre son indépendance et sa liberté. Rouget de l'Isle, pour mettre un terme aux contestations qui s'étaient élevées à ce sujet, ayant publié le recueil de ses « Cinquante chants français », fit suivre le chant de *la Marseillaise* de cette déclaration : « Je fis les paroles et l'air de ce chant à Strasbourg, dans la nuit qui suivit la déclaration de guerre, fin avril 1792. » Les insinuations malveillantes finirent par tomber, et nous voyons aujourd'hui l'ancien officier du génie de l'armée du Rhin à qui Carnot écrivait : « Citoyen, avec votre *Marseillaise*, vous avez donné cent mille soldats à la patrie, » en possession de son œuvre sublime qui transmettra éternellement son nom à la postérité. Il en sera bientôt de même pour Claude Chappe dont, par surcroît, le télégraphe a avec *la Marseillaise* cette corrélation que, si cette dernière remporta des victoires, le premier souvent les prépara.

Après la mort de Claude Chappe, ses deux frères,

Ignace et Pierre, qui avaient été ses collaborateurs, furent nommés administrateurs des télégraphes. L'institution était définitivement fondée ; elle assurait désormais aux pouvoirs civils et militaires une rapidité de transmission pour les correspondances d'État qui ne devait que se perfectionner dans la suite. Et quand on songe que l'esprit humain s'était trouvé impuissant, depuis des siècles, à obtenir autre chose que l'échange de quelques phrases convenues entre deux points peu éloignés, comment ne pas être pénétré d'admiration pour une découverte dont on constate chaque jour la rigoureuse utilité et qui a tenu si largement ses promesses qu'elle est devenue aujourd'hui une nécessité sociale ?

Mais il est à remarquer que, parmi les inventions nouvelles, celles surtout qui ont rendu le plus de services à la collectivité et opéré dans le monde les plus grands changements, ont été presque toujours accueillies avec indifférence ou ont eu à essuyer les assauts répétés des personnes qui voyaient s'évanouir avec elles la réalisation de leurs propres projets.

Notre intention n'est pas de passer en revue les titres des véritables initiateurs français ni le peu de succès qu'en majeure partie ils ont obtenu de leurs contemporains. Il nous suffira d'ajouter qu'en dehors de la routine, cette ennemie innée de toute innovation, criant sans cesse : « Ne touchez pas aux traditions anciennes, » ceux qui bénéficient des méthodes surannées se trouvent directement frappés par l'emploi des moyens nouveaux qui viennent fatalement contrarier leurs desseins. Si bien que d'une façon générale, sauf les inventeurs en personne, un nombre fort restreint d'individus est intéressé à faire valoir les conceptions qui constituent un progrès incontestable et, dans la plupart des cas, un avantage national.

Ignace et Pierre Chappe eurent donc la haute main sur le service et l'administration des Télégraphes. Les modifications successives apportées par leur frère à différentes époques, et tout récemment encore, aux machines en usage, laissaient entre leurs mains un télégraphe qui ne pouvait plus être comparé à celui jadis adopté par la Convention nationale. Les appareils portaient à 15, 20 et même 25 kilomètres, suivant la situation des stations, et le temps employé à la transmission des dépêches avait été réduit de moitié.

L'Académie des sciences, dans son rapport de 1808, appréciait comme il suit le télégraphe français :

« Le télégraphe né en France, imité presque aussitôt par tous les peuples voisins, est remarquable sous deux points de vue : le premier, comme moyen de transmission des signaux ; le second, pour la facilité et la simplicité qu'il présente dans leur exécution. L'expression d'un mot ou d'une phrase n'exige qu'un seul signal et la rapidité avec laquelle on le transmet est pour ainsi dire égale à celle de la parole.

« Celui de MM. Chappe, *premiers inventeurs*, a successivement acquis toutes ces qualités, et cet instrument utile ne laisse plus rien à désirer. »

Cependant, malgré le moyen de correspondance rapide qu'elle donnait aux pouvoirs publics, l'installation télégraphique avait été, sous le premier Empire, médiocrement encouragée. L'extension qu'elle possédait à la fin de ce régime n'était pas telle qu'il eût été désirable. C'est que, jusqu'en 1815, la France, quoique victorieuse, souffrait cruellement d'une guerre sans relâche qui primait tout. Le commerce était ruiné et l'industrie ralentie. Avec la paix, dit Thiers, Napoléon eût reconnu sans doute les besoins nouveaux qui s'élevaient de tous côtés et des travaux féconds et utiles eussent changé la face du territoire.

A propos du premier Empire, mentionnons en passant le télégramme officiel qui avait annoncé au pays le coup d'État du 18 brumaire, qui en avait été le prélude :

« *Dépêche télégraphique pour toutes les lignes de transmission* :

« Le Corps législatif a nommé un Consulat de trois membres en remplacement du Directoire. Les membres du Consulat sont les citoyens Sièyes, Roger-Ducos et le général Bonaparte.

« Le Corps législatif a nommé pareillement une commission législative de 25 membres pris dans chaque Conseil et s'est ajourné au 1er ventôse prochain.

« Paris est satisfait. Les fonds publics ont monté de 25 0/0.

« — *Au citoyen Chappe, qui est chargé de transmettre cette dépêche sans retard.* »

— Les communications établies sous Napoléon Ier se résument ainsi : prolongement jusqu'à Milan, puis jusqu'à Venise, avec embranchement sur Mantoue, de la ligne Paris-Lyon ; prolongement jusqu'à Amsterdam de la ligne du Nord ; nouvelle ligne sur Calais par Saint-Omer ;

prolongement de la ligne de l'Est jusqu'à Mayence. Mais par suite de la retraite de nos armées, la communication Metz-Mayence ne fut utilisée que peu de temps ; obligés de se retirer en même temps que nos derniers régiments, les agents du télégraphe ne le firent toujours qu'après le complet accomplissement de leur devoir et la destruction des postes qu'ils étaient forcés d'abandonner. — Quelques autres lignes commencées restèrent inachevées ; par contre, les télégraphes ambulants reçurent une vigoureuse impulsion et Abraham Chappe fut attaché à l'état-major de la Grande-Armée.

Ce n'est que plus tard que la situation du pays permit de favoriser l'élargissement du réseau. En raison de la force qui devait en résulter pour les Gouvernements qui se succédèrent, ils s'appliquèrent, dégagés qu'ils étaient des graves préoccupations extérieures, à relier Paris aux principaux centres de la province et d'instrument militaire qu'il était resté depuis sa création, le télégraphe devint un instrument essentiellement politique.

En 1823, le Gouvernement de Louis XVIII, désirant confier le service télégraphique à un administrateur de son choix, admit Ignace et Pierre Chappe à faire valoir leurs droits à la retraite. Remplacés par leurs frères, René et Abraham, ceux-ci virent du même coup leurs attributions diminuer; nommés seulement administrateurs adjoints, ils relevèrent dès lors d'un administrateur général étranger à l'Administration.

Entre temps, un nouveau projet de télégraphe, dû à l'amiral St-Haouen, était venu se heurter à la supériorité du système de Chappe. Ce projet, bien qu'accueilli par le roi avec bienveillance, avait été repoussé comme inutilisable à la suite d'expériences défavorables tentées entre Paris et Orléans (1821).

Les Chappe dirigèrent dans ces conditions l'administration fondée par leur frère Claude, jusqu'en 1830. L'esprit de justice dont ils avaient fait preuve à l'égard de leur personnel qui, de son côté, leur témoignait un dévouement sans borne, fut, pour ainsi dire, à cette époque, la principale cause de l'éloignement qu'on leur imposa. En effet, après la révolution de Juillet, le gouvernement de Louis-Philippe prit ombrage de l'influence acquise sur les employés par les frères Chappe, ainsi que des velléités d'indépendance, qui auraient pu se manifester parmi les stationnaires ayant servi les régimes précédents ; et, bien que rien ne vînt justifier une semblable appréhension, il résolut de soustraire, une fois pour toutes, la direction du service télégraphique à l'action des frères de l'inventeur.

Pour cela, M. Marchal, député, et M. Bérard, directeur des ponts et chaussées, furent nommés administrateurs. M. Bérard, homme tout dévoué au nouveau Gouvernement, eut pour première mission de renseigner les ministres sur les sentiments politiques du personnel et, à la suite du rapport confidentiel qu'il leur adressa, ceux-ci arrêtèrent que les nominations et mutations des agents seraient, à l'avenir, exclusivement confiées aux deux seuls administrateurs.

Les frères Chappe éprouvèrent une profonde tristesse de cette décision qui, tout en leur laissant la responsabilité effective du service, pouvait les priver, à bref délai, d'auxiliaires de la première heure qu'ils connaissaient depuis de longues années et dont ils avaient pu, en maintes circonstances, apprécier le mérite et les aptitudes.

Depuis les débuts de la télégraphie, les Chappe avaient toujours été chargés du recrutement des employés. Ils avaient dû, avec les faibles ressources laissées à leur disposition (1), effectuer des prodiges pour arriver à la constitution d'un nombreux personnel qui, si peu rétribué qu'il fût, nécessitait des dépenses pour lesquelles un crédit étroitement limité ne pouvait, sous aucun prétexte, être dépassé. Pour le recrutement, ils avaient de préférence porté leur choix sur des hommes simples, probes et actifs, mais aussi sans grande prétention pécuniaire. On exigeait d'eux qu'ils fussent de mœurs et de caractère ne laissant rien à désirer; leur solde journalière était de 1 fr. 25, et à ce prix on obtenait qu'ils fissent preuve d'une impassibilité morale égale à l'impassibilité des machines dont ils avaient la manœuvre. Il paraît que ce n'était pas assez !...

Bientôt, les frères Chappe assistèrent impuissants au renvoi et au déplacement de leurs plus anciens collaborateurs. Affligés par une disgrâce si injuste dont l'arbitraire avait sa source dans une sotte suspicion politique, ils protestèrent hautement contre la défiance imméritée dont ils étaient victimes et résolurent de se retirer. L'un d'eux fut alors révoqué pour n'avoir pas remis immédiatement à Lafayette, qui avait hâte de le posséder, le vocabulaire secret de l'Administration, et l'autre

(1) De 1794 à 1820, l'État français déboursa 20 millions environ pour son télégraphe.

motiva sa détermination par une lettre au Roi, dans laquelle il écrivait :

« Sire,

« Je regrette que le conseil des ministres ait cru devoir céder aux injustes prétentions de M. Bérard. Je le regrette d'autant plus que je me proposais de mettre à exécution une amélioration très avantageuse pour la télégraphie (1); mais, persuadé qu'il ne me serait plus possible de rien faire sans éprouver désormais des contradictions de la part des employés sous mes ordres, je me trouve forcé d'abandonner à un étranger le télégraphe que les Chappe ont créé et dirigé pendant 39 années.»

. . . .

— Comme on le voit, cette retraite avait été provoquée et obtenue par des moyens prémédités, bien peu en rapport avec les longs services rendus par la famille Chappe. C'est de cette manière que tous furent récompensés des sacrifices et du dévouement qu'ils avaient apportés au développement d'une institution qui était leur œuvre et à laquelle leur existence entière avait été vouée.

Nous ne nous séparerons pas des deux derniers frères de l'inventeur sans donner une description sommaire de leur télégraphe que, seuls, quelques rares employés actuels de l'Administration ont vu de près et fait manœuvrer (2) :

(1) Cette amélioration résidait dans l'emploi d'un vocabulaire nouveau destiné à la traduction et à la réduction des signaux.
(2) Pour ne pas modifier le caractère de cet opuscule, exclusivement consacré à l'*Historique* de la découverte de Claude Chappe,

Le principe du télégraphe aérien reposait sur l'emploi de la lunette d'approche appliquée aux signaux préalablement combinés. La machine se composait de trois branches pouvant se mouvoir dans un même plan vertical, savoir : une branche principale, appelée *régulateur*, et deux petites branches appelées *indicateurs*, placées sur un axe aux deux extrémités du régulateur ; celui-ci était fixé par son milieu à un mât élevé, de façon à ce qu'il fût aperçu d'une distance plus grande. Chaque indicateur portait en queue un contre-poids métallique, sorte de lest qui servait à l'équilibrer.

Les trois branches qui, à cause de la couleur noire dont elles étaient revêtues, se détachaient de l'horizon, étaient mues à l'aide de trois cordes sans fin en laiton, de trois poulies et de trois pédales ; les cordes communiquaient, dans une chambre placée au-dessous, avec les branches d'une autre machine qui était, en petit, la reproduction exacte du télégraphe extérieur. C'est ce second appareil que le guetteur manœuvrait et qui transmettait directement à l'autre tous les changements de position qu'on lui faisait subir.

La branche principale ou régulateur était susceptible de quatre positions différentes : la verticale, l'horizontale, l'oblique de gauche à droite et l'oblique de droite à gauche ; les ailes pouvaient former des angles droits, aigus et obtus. Ces positions donnaient un nombre considérable de combinaisons qu'on avait réunies deux à deux, de

nous avons évité, dans le cours de notre récit, tout exposé technique d'appareils, machines, etc., que le lecteur pourra trouver dans divers ouvrages spéciaux.

manière à avoir un vocabulaire de 38.000 signes environ. On avait affecté un signe à chacune des syllabes possibles dans notre langue, d'après la combinaison des consonnes avec les voyelles et diphthongues, ainsi qu'à certaines phrases entières convenues à l'avance. Pour les dépêches de passage, les signaux étaient transmis, sans être traduits, au poste le plus voisin; pour celles d'arrivée, le stationnaire procédait à leur traduction au moyen du vocabulaire *ad hoc*.

Une bonne machine télégraphique devait, en outre, réunir les trois conditions suivantes : être d'un volume considérable pour être vue à une grande distance; légère, pour être transportée facilement; solide, pour résister malgré sa surface à la violence des vents et des tempêtes.

— Du départ des frères Chappe à l'année 1842, de nouveaux travaux furent effectués selon les crédits accordés par le Parlement, qui ne votait ces derniers qu'avec parcimonie et par « petits paquets ». Pendant cette période de douze années, l'Administration mit encore en service les lignes : Avignon-Montpellier (1832), Montpellier-Bordeaux (1834), Calais-Bayonne (1841), Dijon-Strasbourg (1842), ainsi que plusieurs petits embranchements. Enfin, en 1844, nous possédions un important réseau aérien dont l'étendue dépassait 5.000 kilomètres, et qui était desservi par 533 stations. Un grand nombre de villes étaient en communication avec Paris. Nous citerons parmi celles-ci : Agen, Angoulême, Avignon, Avranches, Bayonne, Besançon, Bordeaux, Boulogne, Brest, Calais, Châlons, Cherbourg, Dijon, Lille, Lyon, Marseille,

Metz, Montpellier, Nantes, Narbonne, Nîmes, Perpignan, Poitiers, Rennes, Strasbourg, Toulon, Toulouse, Tours, Valence.

Cette année-là (1844), une demande de crédit était déposée, par le Gouvernement, à la Chambre des députés, à l'effet de créer de nouvelles lignes. Mais ces excellentes dispositions avaient comme moindre défaut de se manifester à un moment où il n'était plus possible de les prendre en considération; car les temps étaient changés et le progrès incessant, qui aspire toujours à multiplier ses conquêtes, atteint un point après l'autre et opère sans cesse sa perpétuelle transformation.

La télégraphie aérienne touchait à sa fin.

L'aurore de la télégraphie électrique commençait à paraître. Déjà, dans les dernières années écoulées, des essais probants étaient venus s'imposer à l'attention du monde savant. Le célèbre professeur Morse avait exposé en pleine Académie des sciences les résultats éclatants qu'il avait obtenus et, bien que ses propositions n'eussent pas été agréées, le succès de ses travaux faisait indubitablement entrevoir une ère nouvelle pour la télégraphie.

Aussi, comment être surpris outre mesure de l'opposition qui avait, à ses débuts, accueilli la télégraphie aérienne, quand on considère que, pour appliquer l'électricité, le Gouvernement dut céder à une pression de l'opinion publique qui, depuis plusieurs mois, réclamait des expériences. C'est que deux lignes électriques fonctionnaient déjà à l'étranger : l'une, en Amérique, reliait Washington à Baltimore (1) ; l'autre, en Angleterre, reliait Londres à Birmingham. Malgré ces faits acquis, la voix de personnes autorisées s'élevait pour combattre la télégraphie électrique en laquelle on n'osait croire encore et qui devait, à partir de ce moment, poursuivre le chemin effarant qui l'a classée de nos jours parmi les plus grandes merveilles de notre siècle (2).

Un érudit, M. Guyot, exprimait ainsi son opinion :

« La substitution à la télégraphie aérienne de la télégraphie électrique, qui réclame impérieusement pour vivre l'honnêteté, le calme, le respect de ses ennemis et même des oisifs indifférents, serait une mesure déplorable, un véritable acte d'idiotisme. »

M. Gonon, qui pendant de longues années s'était occupé de télégraphie aérienne, disait de son côté :

« Je défie les partisans de la télégraphie électrique de produire un semblable résultat. En admettant même, ce que je nie formellement, que leur instrument fût bon et praticable pour une grande ligne, il ne rivalisera jamais avec le télégraphe aérien. » L'abbé Moigno, le savant directeur du *Cosmos*, partageait cette opinion.

C'est à la séance du 22 novembre 1844 que M. Duchatel, ministre de l'Intérieur, proposa à la Chambre des députés la nomination d'une commission chargée d'assister aux premiers essais électriques. Dans cette séance,

---

(1) En 1888, le Gouvernement américain achetait, au prix de 50.000 francs et à titre de curiosité historique, le premier appareil qui fut employé sur cette communication électrique.

(2) La somme dépensée l'année dernière, dans le monde entier, pour l'envoi de dépêches télégraphiques est évaluée à 2.250 millions de francs.

Arago avait fait cette déclaration : « Il ne faut pas être bien versé dans l'étude de la télégraphie pour comprendre qu'un trait allongé et un simple point, répétés le nombre de fois convenable, ne peuvent suffire à une correspondance générale. »

La commission nommée trouva les expériences effectuées, dix mois après, entre Paris et Rouen, à tel point concluantes que bientôt l'établissement de la première communication électrique était décidé. Par un étrange rapprochement ce fut, comme pour la télégraphie aérienne, la ligne Paris-Lille qu'on construisit la première. Durant la période des travaux, les prévisions les moins vraisemblables affluèrent sur le sort du système nouveau qu'on allait inaugurer. On disait couramment que le télégraphe électrique ne serait jamais qu'un magnifique jouet « à l'usage des savants et des princes, dans les faibles limites d'un cabinet ou d'un château » !

Rien ne devait être moins exact. Surmontant tous les obstacles, franchissant toutes les distances, il fut au contraire le véritable chemin de fer de la pensée.

Avec la mise en service des premières lignes électriques, commença pour la télégraphie ce que nous appellerons la période mixte, car à partir de ce moment les deux systèmes furent concurremment utilisés. Les télégrammes étaient électriquement transmis sur les tronçons de lignes nouvelles et reprenaient ensuite leur voie aérienne, ou *vice versa*, jusqu'à destination. Les premiers signaux employés en télégraphie avaient été des signaux aériens, on se servait maintenant de signaux électriques : on peut donc dire que le passage de l'un à l'autre système ne fut qu'une simple évolution.

Peu à peu, les lignes électriques vinrent successivement se substituer aux postes anciens et, après 1854, époque où les machines de Chappe rendirent encore d'importants services pendant l'expédition de Crimée, le réseau aérien avait totalement disparu (1). C'était irrévocablement sa fin.

On voit que, née pendant l'invasion et utilisée pendant de longues années pour le service des armées, l'invention de Chappe n'avait pas menti à sa glorieuse origine.

Nous nous arrêterons là, dans le chemin parcouru depuis la création des télégraphes. Le but et les limites de notre petit ouvrage, uniquement consacré à la télégraphie aérienne et à son fondateur, que notre récit fera mieux connaître, ne nous permettent pas de poursuivre plus loin sans dévier de la ligne que nous nous sommes tracée, en entreprenant ce modeste travail.

Nous ajouterons, toutefois, que si l'ancien télégraphe est bien mort, on ne saurait en dire autant de l'idée réalisée par Claude Chappe. Cette idée géniale, de correspondre à de grandes distances par des moyens rapides, a été depuis développée et perfectionnée par d'autres pour être adaptée aux exigences du progrès. Car, à chaque transformation qui s'opère dans les sociétés, l'état de choses antérieur doit nécessairement être modifié, afin qu'il puisse répondre aux nécessités inéluctables de la situation nouvelle.

La télégraphie a dû suivre toutes les phases des perfectionnements opérés dans les sciences et surtout dans

(1) On vit, en Algérie, des télégraphes aériens jusqu'en 1860.

les moyens de communication. Elle a été en rapport avec les modes de transport et de locomotion usités dans la première moitié de notre siècle. A la seconde moitié, correspond un ensemble d'autres moyens représentés par les trains express et de luxe, par le télégraphe électrique, les téléphones et les applications multiples de l'électricité à l'industrie. Mais cette marche vertigineuse du progrès ne doit diminuer en rien la gloire de ceux qui, en en jetant les premières bases, ont rendu au pays d'incalculables services.

Les diverses étapes parcourues par la télégraphie, depuis les essais officiels de 1793, ne constituent qu'un seul et même trajet. Il était inique que celui qui a ouvert la voie, montré la route il y a un siècle, fût considéré comme moins digne d'admiration que ceux qui s'y sont engagés après lui, pour la rendre plus belle et plus praticable. C'est ce qu'on a compris, cent ans après.

Le créateur de la Télégraphie française va enfin avoir sa statue, non loin de cette grande famille qu'il a fondée (1).

Ce monument, dont les frais ont été couverts par une souscription recueillie parmi les employés de l'Administration, vient péremptoirement démontrer que ces derniers ont eu à cœur de rendre à leur aîné l'hommage qui lui était dû, en même temps que de le venger des persécutions et des haines dont on l'a poursuivi jusqu'à la tombe. Le Comité du centenaire auquel

---

(1) La statue de Chappe, qui est l'œuvre du sculpteur Damé, s'élèvera à l'intersection du boulevard Saint-Germain et de la rue du Bac.

l'initiative de cette tardive réparation avait été laissée, et particulièrement son secrétaire, M. Jacquez, à qui incombait la partie la plus lourde de la tâche commune, ont droit à la reconnaissance de tout le personnel.

Grâce à eux, grâce à tous les agents qui ont apporté leur obole, grâce aussi au Gouvernement qui prêtera son concours officiel, cette grande injustice sera solennellement réparée.

La célébration du centenaire de la Télégraphie va donc revêtir un caractère absolument en rapport avec les services rendus par la découverte de son infortuné inventeur et la place que ce dernier doit occuper dans l'histoire de notre pays, qui a toujours rempli un rôle important dans les grands mouvements télégraphiques.

Il ne pouvait en être autrement. Car Chappe ayant offert son invention à la patrie et l'ayant mise ainsi, à une époque mémorable de lutte et de rénovation sociale, au service de sa gloire et de sa liberté, devait avoir un monument non seulement digne de son génie, mais digne aussi de son désintéressement et de son patriotisme.

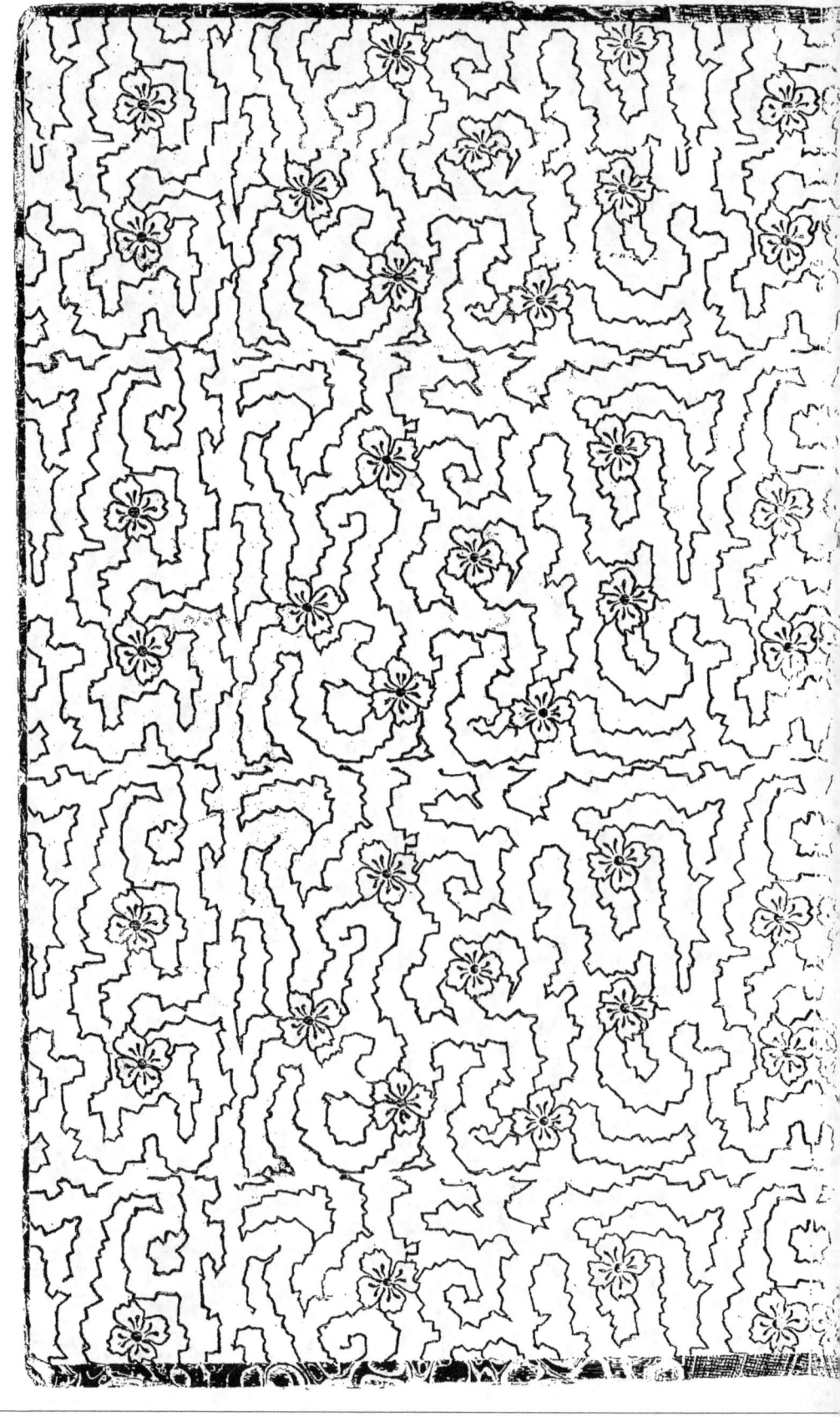

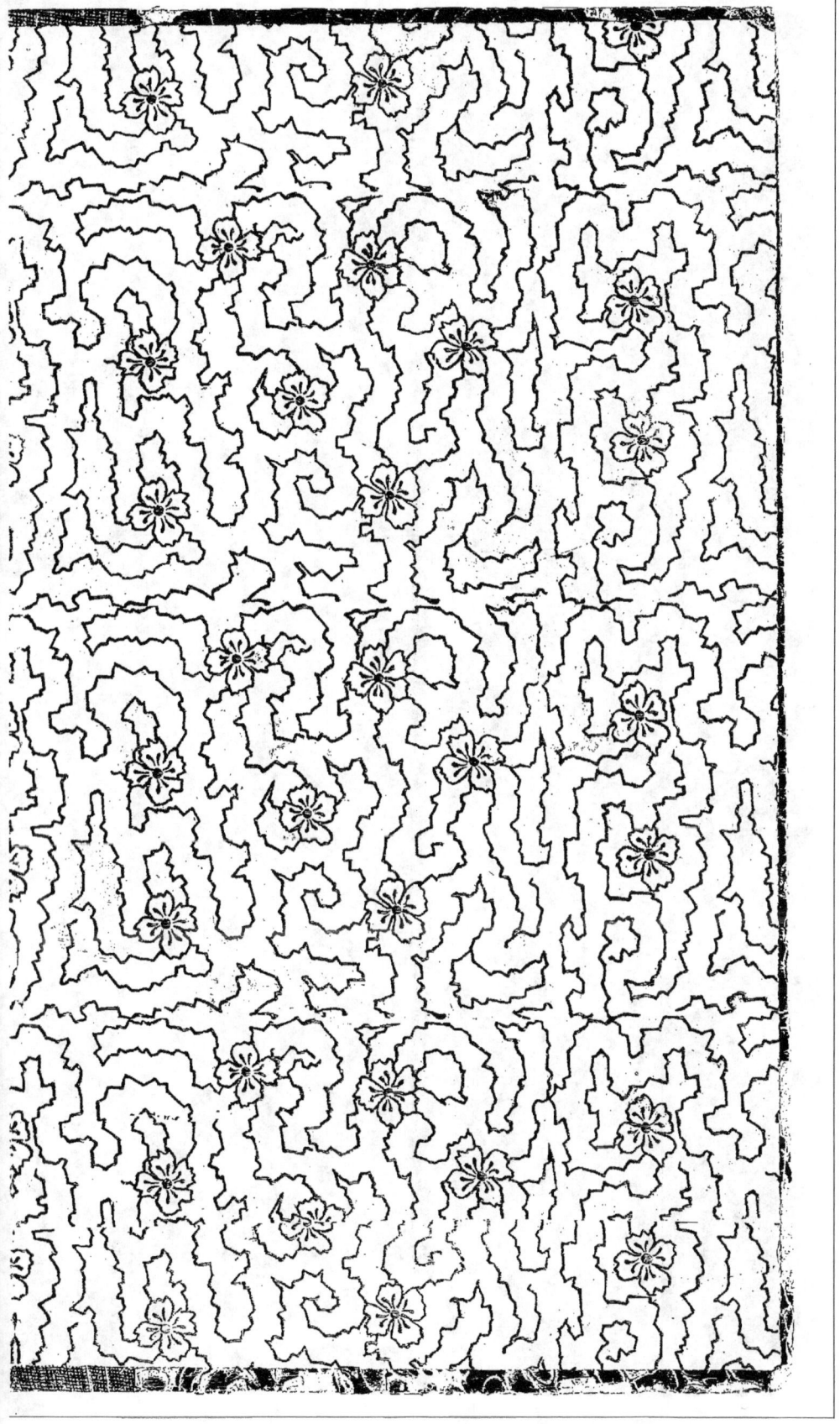

www.ingramcontent.com/pod-product-compliance
Lightning Source LLC
LaVergne TN
LVHW050651090426
835512LV00007B/1144